親子

紐西蘭南島
遊學自助行

魏美惠 著

白象文化

自序

　　就在我還在埋頭寫這本書時，2019年3月15日這個美麗善良的基督城發生了最黑暗的恐攻事件，49人不幸在這次事件中喪身。當下除了驚訝、不捨，其實也私心的想說這下還會有人會想去紐西蘭遊學嗎？但這個想法很快的被推翻了。紐西蘭總理對這件事件的態度發言，和整個紐西蘭人上上下下對這次恐攻的回應作法，讓我更堅信的加快寫這本書的速度。不能讓恐怖分子達成他們想要的目標，他們的作為只會讓其他善良的人繼續團結、繼續勇敢認真的生活下去。

　　在此要謝謝基督城Jennifer從一開始南島之行的計畫和找學校，就一直不厭其煩的幫著我，還要謝謝他的先生Andrew、小孩Noah and Mateo，謝謝他們在行程豐富的生活之中，還要帶著我們去認識基督城，陪我們吃、陪我們玩，讓我們更深度的認識了這個美好城市。

　　也要謝謝我的家人們，長途旅行＋自駕遊是辛苦的！謝謝你們，我們終於還是完成，並會在我們的人生裡留下令人懷念的一頁。更要謝謝我的公婆，支持我們的南島行，沒有你們，我們這趟旅行也沒辦法玩的安心！

最後希望世界多一點和平，少一點怨恨
僅以這本書紀念那些因為恐怖行為而失去的珍貴生命！

魏美惠
2019年5月於台南

萬事多變！

　　就在本書主編和我終於完成最後校稿，準備送件的那一天，我在網路上看到有關紐西蘭要開徵「國際旅客保育及旅遊捐」和實施「電子旅行授權」的消息！一時晴天霹靂！只能附上官方網址和部分截圖供各位同好查詢，希望大家諒解！

　　外交部領事事務局：https://www.boca.gov.tw/cp-56-4780-9a384-1.html
　　紐西蘭移民局官網：https://www.immigration.govt.nz/about-us/what-we-do/our-strategies-and-projects/eta-new-requirements

　　本人在看過外交部領事事務局和紐西蘭移民局官網後整理出幾個重點：

1. 自2019年10月1日起入境紐西蘭須申請「電子旅行授權」（NZeTA）並繳交「國際旅客保育及旅遊捐」（IVL）。外交部截至6月14日網站所寫的：自7月1日起徵收「國際旅客保育及旅遊捐」，和紐西蘭移民局官網資訊有所出入，應是自7月1日起始可申請。

2. 有人會問例如：2019年9月25至10月5日到紐西蘭遊玩的話，需要申請嗎？答案是不用，只有10月1日起入境才需要。

　　其他有關資訊，請看外交部領事事務局網站截圖：

📅 發布日期：108-06-11　🏷 發布單位：外交部領事事務局　🔍 資料點閱次數：949

1. 紐西蘭官方宣布將自2019年7月1日起徵收「國際旅客保育及旅遊捐」（International Visitor Conservation and Tourism Levy, IVL），費用為35紐幣，以提升旅遊品質，並協助保護紐國生物多樣性。

2. 另自2019年10月1日起，將實施「電子旅行授權」（New Zealand Electronic Travel Authority, NZeTA）制度，適用以免簽證方式入境紐國之各國（包含我國）國民，無論以搭機或乘坐郵輪赴紐（包含轉機），均需於赴該國72小時前上網申請取得「電子旅行授權」；「電子旅行授權」自本年7月起開放申請。

3. 「電子旅行授權」效期為2年，透過手機App或上網申請之費用分別為9紐幣或12紐幣。上述之「國際旅客保育及旅遊捐」將於旅客申請簽證或「電子旅行授權」時一併徵收。

4. 相關詳情請上紐西蘭移民局官網（https://www.immigration.govt.nz/about-us/what-we-do/our-strategies-and-projects/eta-new-requirements）查詢。

P.S. 因筆者寫本文時，紐西蘭移民局官網尚未開放申請。對於無法提供申請表格的詳細填寫方式，筆者深感抱歉。

目錄 Content

Chapter ② 南島自助行行前準備

Chapter ③ 基督城深度遊

time to

TRAVEL

EXPLORE

Chapter ④ 南島環島行

後記

前言

　　此書記錄本人、本人老公、本人媽媽和兩個小孩（2歲半和4歲半）2019紐西蘭南島短期遊學＋自駕遊的行前規劃與實際行程。此次旅遊分兩部分：幼兒園就讀（2星期＋1天）＋自駕遊12天。到達基督城當天是下午1：30，先去取車，然後入住基督城住宿並進行食物與日常用品採買。隔天到小童上課幼兒園註冊並適應環境與行車路線。第三天小童正式上課。平日下課和週末則在基督城或週邊遊玩。2星期＋1天的遊學結束之後，隔天馬上開始12天自駕遊，最後一天晚上回到基督城，隔天搭早上8點班機回甜蜜的家。

　　遊學和自駕遊長度皆為彈性。萬一家長有一人無法在國外待那麼久，也可以先自駕遊，再留另一人照顧小孩上課。還未上小學的小童是最適合遊學的，因為尚無課業壓力，也沒有所謂進度考量，所以如果能遊學更久，對小童的英文能力會有更顯著提升，和遊學時間成正比喔。

　　另外因為對南島不熟，所以在計劃這次行程時，花了大量時間閱讀相關書籍和參考網路資訊，但為了要規劃成自己想要的行程，還得把這些零碎資訊先統整、消化、再整理。因為實在太費心，所以才起了寫一本書的念頭，希望透過自己的經驗，讓和自己相同情況的小小童父母，可以省下很多麻煩。一本在手，萬事具備。機票、住宿和租車等都是經過比價和品質考量後才決定的，行程也是考量到帶小童的情況，但又不會太鬆的狀況安排（畢竟花了一大筆錢，還是要錢盡其用）。大家如果很忙，可以直接參考，就可以省下非常多找尋資料和比價的時間囉！

建議計劃步驟為：

先選擇遊學國家→遊學城市→定遊學時間和自由行時間→選擇及申請遊學幼兒園→定機票→定遊學城市住宿→定租車→定自由行行程→定自由行住宿（可再由住宿調整自由行行程，因為南島住宿貴，且選擇不多，一些Holiday houses還會要求至少住兩晚）

Chapter 1

國 外 遊 學

　　一般聽到都是大一點的小孩在遊學。從打工度假、大學生利用暑假，往下還有高中生、國中生、甚至小學生。但其實小小童也可以去遊學喔，大人也可以順便在當地遊玩，一舉數得呢！

一、為什麼小童要遊學

　　現在英文還是世界上最通行的語言，台灣2030年也要實行雙語教育，所以把英文學好已經迫在眉睫。但如何把英文學好一直是大家努力方向。英文有分說的和寫的：一般在台灣的教育寫的能力會比說的能力強，很多人會寫但卻說不出口，因此如何加強口語能力則是英文教育的一大重點，而所有理論、學者都提到「環境」是學好英文的最重要因素，因此遊學即提供一個最直接「環境」的學習方式。

　　那有人會問，多小可以出國遊學呢？這麼小他能學到什麼東西呢？不會說怎麼辦？時間那麼短又有什麼用呢？其實我建議小童從開始會講簡單字時，就可以讓他們出國了。大家都知道「母語化」很重要，所以雖然無法長時間浸潤在英語環境，但至少在小童剛開始學語言時就讓他們「實際接觸」英語環境，回國後再輔以英文兒童歌曲、英文影片，並和他們英文對話。

　　我自己小孩是從2歲開始在台灣讀全美幼兒園，並想以一年出國遊學一次為目標（之前去過一次美國遊學），從小讓他們偶爾出國「刺激」一下，不但可以調整英語口語發音和流暢度，也可以藉由旅行擴展他們

的世界觀。更重要的是這段時間也將是一段親子優質相處時間，可為人生提供美好回憶。

中文也很重要，但畢竟是住在台灣，學英文會比學中文難，所以先奠定英文能力，之後小學讀一般小學，中文就不會有問題了（我們以前也是小學再開始學中文的啊）。英文能力等課後再繼續加強並維持。

（一）如何選擇國家

選擇國家很簡單，其實就依想學的語種選擇國家就對了。想學法語，可以到法國；想學德語，可以到德國；想學西班牙語，可以到西班牙；想學日語，可以到日本。而想學英文，似乎又多了更多選擇；英語系國家有：英國、美國、加拿大、紐西蘭、澳大利亞等。雖然有口音或一些日常用語的不同，但大同小異，家長可依以下幾點進行選擇：

1. 自己想遊玩的地區。
2. 考量免簽護照期限（紐西蘭90天；加拿大6個月；美國ESTA 90天……）。
3. 國家安全性＋排外性＋便利性＋物價＋生活品質。

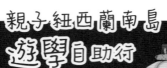

4. 口音不同（英國腔：英國、紐西蘭、澳大利亞；美國腔：美國、加拿大等）。

　　因為是要讓小童學英文，但之前已經帶老大去美國遊學＋自助行一個月，所以這次媽媽我自己私心想帶他們來沒去過的紐西蘭南島（因為想玩就不管英語腔還是美語腔啦）。為什麼是南島呢？一來我多年以前（約20歲吧）已經在北島住過五個星期；二來如果是短期遊玩，建議一個月內還是只玩南島或北島，避免走馬看花。雖然大部分人建議先玩南島，但我覺得各有特色，可以預先了解南北風景異同，再做適合自己的選擇。

（二）如何選擇學校

　　選擇學校建議愈早愈好，我自己是約半年前就開始。另外如果你是第一次帶小童遊學，我建議有朋友找朋友、有親戚找親戚、沒有朋友找親戚的朋友、沒有親戚找朋友的親戚。哈，就是動員所有資源啦。因為畢竟是第一次，什麼都不熟，又帶著小孩，找的地方有認識的人會比較安心。就算不是很認識，萬一臨時有什麼需要幫助，也有人可以問、可以照料。

　　我帶老大第一次去留學時，是選擇對我來說最容易的美國，因為本人曾在美國待過十年。但畢竟沒在美國上過幼兒園，對於幼兒園的生態、好壞、如何選擇等是一頭霧水。這時第一選擇就是詢問我住在德州

16

的學霸好友：Melody（建議大家從學霸好友開始問起）。既然是學霸，當然就教出學霸小孩，對小孩的教育一點都不馬虎。Melody給了我幾個德州Frisco區域學校名稱，再由我自己寫信去詢問是否有位子。當時正處暑假，美國幼兒園大部分都有夏令營（summer camp），以一個星期為單位，每一個星期有一個主題。所以我選擇了一間我自己覺得比較適合我小孩的學校，寫信過去問有沒有名額，學校說有名額，於是就順利申請了。

而這次去紐西蘭，則是因為同樣為英語系國家，雖然口音不同，但是紐西蘭風光明媚，最重要的是我的青梅竹馬Jennifer，就在南島基督城，這時當然就要藉這個機會好好去打擾她了！

Jennifer也是給了我幾個學校名單，但基督城找學校就沒像美國德州那麼順利了。這幾個學校都說滿額，近年來紐西蘭有非常多人來遊學（尤其是中國，他們稱「微留學」），而且紐西蘭幼兒園一直都有上課，並沒有夏令營，因此無法一星期一星期報名。其中一間學校說他們有一間新的學校明年一月底、二月初將啟用，所以會有名額，但要到11月初才能確認（當時是9月）。這時我又喜又憂：喜的是有學校；憂的是到11月才能確認，那到時萬一跟我說沒有呢？所以我馬上又跟Jennifer請教還有沒有其他學校，但一直沒有找到（而且其他學校可能沒那麼好，所以我也沒有很努力找），還好我10月中等不及寫信去問，他跟我確認了，而且要我填寫申請表，我心頭一顆石頭才放下來。

所以先選擇城市，如果你真的什麼朋友的朋友、什麼親戚的親戚都沒有，我建議直接參考我的，這樣就什麼都不用煩惱了。但是如果美國德州和紐西蘭基督城都不合你意，我建議選擇熱鬧一點、大一點的城

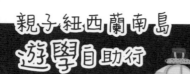

市。因為主要城市的教育師資等平均來講會比較有保障，而且比較不會有種族歧視的問題（這幾年美國種族歧視愈來愈嚴重，建議不要去內陸小城鎮）。

　　選擇完城市，再來選擇區域。一樣的原則，區域好的地方，學校比較有保障。另一選擇方式是先找到你想住的房子，再在那旁邊找適合的學校。因為住宿是一大開銷，所以可以先定下城市，找到適合自己預算的房子和還可以的區域後，再選擇臨近學校。

1. 美國和紐西蘭近年來都非常流行蒙特梭利幼兒園。紐西蘭除了蒙特幼兒園，另一主流是基督教幼兒園。
2. 區域的好壞可由房價來判定。

（三）學校申請步驟

1. 寫Email郵件詢問

　　在選擇好學校後，第一步驟就是寫信詢問該校在該時間是否有名額。以下附簡易範本：

主旨: Inquiry about admission for short term

To Whom It May Concern:

I have a 2 years old and a 4 years old boys who are interested in going to your school for short term. Will you have opening from 1/15/2019 to 2/2/2019？My kids are international students from Taiwan.

Thank you very much for your help!

I really appreciate it!

Sincerely,

Mei

　　信件主題主要標明你的目的。信件內容包含小孩幾歲、預計讀書時間，最好標名你是國際學生，從台灣來的，避免不必要的誤會。

　　通常學校會給你回覆有沒有名額，如果有名額，他們會寄給你申請表，你再填好回覆即可。

2. 申請表

（1）Kindercare（紐西蘭）

紐西蘭Kindercare學校申請表範本（附翻譯）：

Centre Location: _____　MOE Service No.:_____

 **Enrolment Agreement**

Kindercare LEARNING CENTRES

Child Details

Child's official surname or family name: ___姓氏_____

Child's official given name: ___名字_____

Child's official other names / middle names: ___其他中間名字_____
(please separate names with a comma)

Name your child is known by / preferred name: 小孩最常被叫什麼

Surname / family name: ___姓氏_____ Given name: ___名字_____

Copy of official identity verification document* collected by staff: 你給的官方證件影本

☐New Zealand birth certificate　　☐Foreign birth certificate
☐New Zealand passport　　　　　☐Foreign passport 護照
☐Other _____　　Staff initials: _____

出生日期（依序為日／月／年）
Child's date of birth: dd / mm / yyyy　　Male ☐ Female ☐ 性別

Child's ethnic origin/s: 國籍　　Iwi your child belongs to:　　Language/s spoken at home: 在家說的語言

_____　　_____　　_____
_____　　_____　　_____
_____　　_____　　_____

Child's primary residential address: 主要居住地址（其實寫台灣的就好）

_____
_____
_____ Postcode _____

"We are collecting personal information on this enrolment form for the purposes of providing early childhood education for your child. We will use and disclose your child's information only in accordance with the Privacy Act 1993. Under that Act you have the right to access and request correction of any personal information we hold about you or your child. Details about your child's identity will be shared with the Ministry of Education so that it can allocate a national student number for your child. This unique identifier will be used for research, statistics, funding, and the measurement of educational outcomes. You can find more information about national student numbers at: eli.education.govt.nz".

*Information about acceptable identity verification documents is available online at eli.education.govt.nz"
The Ministry recommends that all services keep a copy of the identity verification document of each child who is enrolled at the service.

"We may also provide additional information about your child to the Ministry of Education for the Early Learning Information System (ELI). Further information about the disclosure of your child's information under the Education Act 1989, and the Privacy Act 1993, for ELI and national student numbers can be found at http://eli.education.govt.nz/eli-privacy/privacy-information/."

20

Parent/Guardian Initial _____ 簽英文名字的縮寫

Parent / Guardian Details　父母／監護人資訊	
First Name:　名字	First Name:
Surname:　姓氏	Surname:
Relationship to child:　和小孩的關係	Relationship to child:
Address:　住址	Address:
Postcode:　郵遞區號	Postcode:
Occupation:　職業	Occupation:
Phone (home):　電話（家）	**Phone (home):**
Phone (work):　電話（公司）	Phone (work):
Phone (mobile):　手機（可用台灣的）	Phone (mobile):
Email:　電子郵件信箱	Email:
In providing my email & mobile contacts, I authorise Kindercare to use these for communication with me.	

Emergency contacts and those authorised to collect child from _Kindercare_ 緊急聯絡人和其他可以接小孩的人

First Name:	First Name:
Surname:	Surname:
Relationship to child:	Relationship to child:
Address:	Address:
Postcode:	Postcode:
Phone (home):	Phone (home):
Phone (work):	Phone (work):
Phone (mobile):	Phone (mobile):
Email:	Email:
In providing my email & mobile contacts, I authorise Kindercare to use these for communication with me.	

Custodial Statement　這個其實就是有無受法院監管的聲明，直接選No就行

Are there any custodial arrangements concerning your child?　Yes ☐　No ☐
If **yes**, please give details of any custodial arrangements or court orders (a copy of any court order is required).

You are responsible for informing _Kindercare_ of any custodial arrangements entered into subsequent to signing this agreement.

Person/s who **cannot** pick up your child:　請寫下不能接你小孩的人的名字

Name:	Name:
Name:	Name:

21

Health　健康　　小孩有任何疾病／過敏？　　　　　　細節

Does your child suffer from any illness / allergies?　Yes □　No □　Details _____

Is your child up-to-date with immunisations?　　小孩有定期打預防針？（請提供證明）
(Please provide verification of all immunisations)

Immunisations record signed and details recorded:　　　　　Yes □　No □

Does your child have any distinctive birth marks?　　小孩有無任何明顯胎記？

Detail/Photos _____ 細節／照片 _____

Doctors Name:　　　醫生姓名　　　　　Doctors Phone:　醫生電話

Doctors Address:　醫生住址

Medicine　藥物

Category (i) Medicines

A category (i) medicine is a non-prescription preparation (such as arnica cream, antiseptic liquid, insect bite treatment) that is not ingested, used for the "first aid" treatment of minor injuries and provided by the service and kept in the first aid cabinet.

你同意學校使用不須醫生囑咐之藥品，如碘酒、蚊蟲咬等藥品？

Do you consent to the use of category (i) medicines on your child?　　　Yes □　No □

Names of specific category (i) medicines that can be used on my child and are **provided by** *Kindercare*:以下是你同意學校給小孩塗抹的
☒ Arnica　　　　　　　　　　　　　　☒ Savlon antiseptic cream　藥品（其實就是一般常備藥，直
☒ Calendula cream　　　　　　　　　☒ Insect repellant　　　　　接簽名並寫上日期就好）

Parent/Guardian Signature: _____　　　Date: ___ / ___ / ___

Category (ii) Medicines　這個項目其實就是要家長確認，如果自己拿藥品來，要註明藥名、
什麼時候／什麼情況／如何給藥？以及藥量

Category (ii) medicines are prescription (such as antibiotics, eye/ear drops etc.) or non-prescription (such as paracetamol liquid, cough syrup etc.) medicine that is used for a specific period of time to treat a specific condition or symptom, provided by a parent for use of that child only, in relation to Rongoa Maori (Maori plant medicines), that is prepared by other adults at the service.

I acknowledge that written authority from a parent is to be given at the beginning of each day a category (ii) medicine is to be administered, detailing what (name of medicine), how (method and dose), and when (time or specific symptoms/circumstances) medicine is to be given.

Parent/Guardian Signature: _____ 簽名 _____　　　Date: ___ / ___ / ___　日期

Category (iii) Medicines　如果小孩有氣喘、溼疹等屬於需長期服用藥物，須填寫下列資訊，
且要有英文藥名和服用說明

To be filled in if your child requires medication as part of an individual health plan, for example, for an on-going condition such as asthma or eczema etc, and is for the use of your child only. Medicine labels and related information must be provided in English.

Individual Health Plan completed & signed:　　　　　Yes □　No □

Name of medicine:　藥名

Method and dose of medicine:　服用方法和藥量

When does the medicine need to be taken (please state time or specific symptoms in English):

什麼時候或什麼徵狀需服用（需有英文說明）

You are responsible for informing *Kindercare* of any changes to medication for this category, if this occurs subsequent to the signing of this agreement.　如果以上用藥有任何變動，須馬上跟學校說

Parent/Guardian Signature: _____ 簽名 _____　日期　Date: ___ / ___ / ___

Enrolment Details 註冊資訊

最後入學日期（填寫當時因不確定，最後乾脆沒寫）

Date of enrolment: 註冊日期　　Date of entry: ___/___/___ 入學日期　　Date of exit: ___/___/___

20小時ECE是紐西蘭的政策，3-5歲小朋友可享有最高一天6小時，一周20小時免費就學優惠

Please Note: 20 Hours ECE is for up to **six hours per day**, up to **20 hours per week** and there must be no compulsory fees for the hours a child is receiving 20 Hours ECE funding.

Days Enrolled: 就學日	Monday	Tuesday	Wednesday	Thursday	Friday	
Times Enrolled: 就學時間						Total no. of hours:
For 20 Hours ECE, fill out boxes below with hours attested e.g. 6 hours			其實這一項可不用填寫。如有需要校方會協助填寫			
20 Hours ECE at *Kindercare*						Total no. of hours:
20 Hours ECE at another service						Total no. of hours:

Parent/Guardian Signature: _____　　　Date: ___ / ___ / ___

20 Hours ECE Attestation　20小時ECE證明（基本上這兩項都選「No」就可以，之後在本欄簽上姓名和日期）

1. Is your child receiving 20 Hours ECE for up to six hours per day, 20 hours per week at *Kindercare*?　Yes ☐　No ☐

你的小孩有在我們學校接受20小時ECE嗎？

2. Is your child receiving 20 Hours ECE at any other services?　Yes ☐　No ☐

你的小孩有在其他地方接受20小時ECE嗎？

If yes to either or both of the above, please sign to confirm that:　如果以上兩項有任何一項選「Yes」，請確認以下三點

☒　Your child does not receive more than 20 Hours ECE per week, across all services.

☒　You authorise the Ministry of Education to make enquiries regarding the information provided in the Enrolment Agreement Form, if deemed necessary and to the extent necessary to make decisions about your child's eligibility for 20 Hours ECE

☒　You consent to *Kindercare* providing relevant information to the Ministry of Education, and to other early childhood education services your child is enrolled at, about the information contained in this box.

Parent/Guardian Signature: _____　　　Date: ___ / ___ / ___

Statutory Holidays / Term Breaks　學校放假日（基本上就是要家長確認同意放假而已）

Kindercare will be closed on statutory holidays. This enrolment agreement is inclusive of school term breaks.

Optional Charges　可選費用（建議家長在本欄簽上姓名和日期，並圈選第6點文中的「agree」，代表「同意」如果發生像逾時才來接等情況所產生的費用，將會支付）

1. The optional charge is for staffing above minimum ratios.
2. I understand that if I agree to pay for the optional charge, Kindercare Learning Centres may enforce payment.
3. The agreement to pay the optional charge will last for the term of the enrolment.
4. Kindercare requires two weeks' notice if any changes are made to the agreement.
5. I understand that the optional charge is not compulsory and if I choose not to pay there will be no penalty.
6. I (agree) do not agree to pay the optional charge for the activities / items specified in this enrolment agreement form.

Parent/Guardian Signature: _____ 簽名　　Date: ___/___/___ 日期

Dual Enrolment Declaration　確認沒有在其他地方註冊聲明（家長請在本欄簽上姓名和日期，並圈選文中的「is not」，確認「沒有」在其他地方註冊）

I hereby declare that my child is (is not) enrolled at another early childhood institution at the same times that he/she is enrolled at *Kindercare Learning Centres*.

Parent/Guardian Signature: _____　　　Date: ___ / ___ / ___

Excursions　戶外教學（家長請在本欄簽上姓名和日期，代表「同意」戶外教學相關說明）

Special Excursions　特殊戶外教學（如有特殊戶外教學會書面通知，包含日期、地點、費用等等，且會需要家長簽名同意）

Parents will be informed in writing, in advance of any special excursions. This will include relevant details such as dates, destination, costs, staff/child ratios as well as a form for signed parental consent

Regular Excursions

I give permission for my child to participate in Regular Excursions. I understand that this means they will leave their Kindercare centre during the day, and go on spontaneous walking trips, accompanied by Kindercare staff. I understand that Kindercare will comply with

一般戶外教學（學校偶爾會帶小朋友走路去附近逛逛，並按政府規定的老師和小孩的人數比例，家長也能要求看學校的戶外教學政策）

23

the Ministry of Education adult:child ratios at all times, and that Kindercare's Trip Policy is available to me on request. I have sighted Kindercare's Risk Assessment for Regular Excursions.

Parent/Guardian Signature: _____　Date: ___ / ___ / ___

Required Information for Licensing Purposes

家長請在本欄簽上姓名和日期，代表「同意」自己小孩的影像／聲音可能會用在學校宣傳或其他家長紀錄等

Consent to Use of Images – photograph, voice and video
By enrolling my child at Kindercare, I understand and agree that my child's image and voice:

Will be used for the purposes of observation, assessment, planning, reflections, wall displays, cherry.bytes sessions and on an online portfolio (Educa), for sharing and recording my child's learning and development journey. (This information may be shared with the Ministry of Education and E.R.O.)

May be used for internal training purposes and Kindercare's team professional development.

May be used in photos and videos taken of other children attending Kindercare, for their online portfolios, in which my child may or may not be the primary focus of the photo/video.

May be used for Kindercare's communication purposes including newsletters, website, blog and social media sites.

May be in photos/videos taken by other parents/families at centre events e.g. Christmas party. I agree to abide by Kindercare's Photography and Video Policies and associated guidelines.

Permission will be sought for my child's image to be used for Kindercare's external advertising purposes including brochures, outdoor and radio advertising, newsprint, magazines etc.

Parent/Guardian Signature: _____　Date: ___ / ___ / ___

Educa: E-Portfolio Service　本欄無須理會，主要是給紐西蘭學生用的

As the parent/guardian/responsible adult, I give permission for Kindercare to collect, use, upload and display my child's information on the Educa Application, in accordance with the Privacy Policy set out on the Educa website: http://www.educa.co.nz/privacy-policy.

☐ Tick here if you have an existing Educa portfolio with another ECE centre that you would like to bring across to Kindercare. Name of previous ECE Service: _____

Additional Information　其他資訊

Children with Additional / Specific Needs:　需要額外或特殊幫助的小孩

Kindercare endeavours to provide an inclusive and safe early childhood service for all children.

When an individual child has additional/specific needs, a meeting will be held between the parents and Kindercare staff to determine how best to meet the child's care and learning needs in the early childhood centre environment. Once the needs have been identified and assessed through this meeting, Kindercare will consult with appropriate agencies to support the early childhood teachers and the child.

Following this consultation process, and in the event that Kindercare believes they are not able to reasonably provide a safe and appropriate care and learning environment for the child, this will be discussed with the parents at the time of enrolment or at any future time during enrolment, and alternative care arrangements may need to be made.

Fees　費用（各種收費內容說明）

Along with government funding, parent fees cover the cost of the services provided by Kindercare. This includes the provision of teaching staff, educational resources, food, facilities as well as other operating expenses.

Fees charged are only for hours outside of the government's 20 hours ECE program.

For centres charging an optional charge, for hours within the 20 hours ECE program, the charge relates to the provision of additional teaching staff beyond the minimum regulated staff/child ratio.

Registration　註冊費（一次性且不退費）

A registration fee and one week's fees are payable at the time of enrolment to confirm and secure your child's place. The registration fee is a once only payment, is not refundable and it is not applied to tuition. If you no longer wish a place to be held for your child, your first week's fee will be refunded if you notify the centre at least **two weeks** before the commencement of your enrolment.

Payment of Fees　費用支付（各種費用須提前一星期繳交）

All fees are payable in advance of the week of your child's planned attendance (i.e. Friday morning payments should be covering fees for the coming week).

這一整段其實就是聲明學生請假不退費等，逾時來接的話，每15分鐘算一個費用，如不就讀要提前2星期告知（下列各欄位有簽名處請簽上姓名和日期）

We are unable to extend credit to our customers. Under our current Debt Policy, when fees are in arrears, your child's place in the centre may no longer be made available to them, and the debt will be referred to a debt collection agency, unless a prior arrangement is made with management.

Any overdue fees will incur an interest charge of 2% per calendar month (or part thereof), which will be added to the amount outstanding until paid in full. Any expenses, costs or disbursements incurred by Kindercare in recovering any outstanding amounts owed, including debt collection, legal and court costs, will be payable by you.

Because our program and licensing regulations require us to engage staff based on the number of children enrolled, we cannot give fee refunds for periods your child is absent or deductions for statutory holidays, apart from our current holiday policy.

A late fee will be payable for each 15 minutes, or part thereof, that your child is collected after their scheduled departure time. Any time your child is taken off the enrolment list, the place may be filled by someone on the waiting list. Should you wish to re-enroll, your child may be placed at the end of the waiting list and a further registration fee will be payable.

It is our policy to review fees regularly and you agree to pay these as they may be amended from time to time.

At least two week's notice is required before withdrawing your child from the centre. If you do not give the required notice, you will still remain liable for fees for that period.

_____　_____　_____
Signature of Parent / Guardian　　Name of Parent / Guardian　　Date

Privacy Act 1993　隱私權授權，其實簽就對了，內容就不翻譯了……

I authorise Kindercare to obtain any information, at any time, from any source, in support of the Application for Enrolment of my child at Kindercare, and that Kindercare may use that information for the following purposes:

☒　For the purposes of assessing my credit worthiness, which means Kindercare may divulge my information to any third party for the purposes of debt collection and credit reporting in connection with any of my unpaid fees for my child;

☒　For the purposes of obtaining necessary medical and dental treatment for my child, including emergency contact with a relative or friend;

☒　For the purposes of verifying my information with other companies, agencies and other learning establishments.

In terms of the Privacy Act, you may view and request correction of your personal information at the centre your child is enrolled at

_____　_____　_____
Signature of Parent / Guardian　　Name of Parent / Guardian　　Date

Policy Statement　政策聲明

I acknowledge that I have received a copy of _Kindercare's_ Parent Guide and noted the information.

I understand that _Kindercare_ has written policies that set out the procedures in place for the care and education of my child. In signing this enrolment form, I agree to abide by _Kindercare's_ policies. I understand that _Kindercare_ has the right to amend, clarify, add to or delete terms, conditions or policies. Where these directly affect children or parents, advice will be given via publicity notices, newsletters, the website or by posting advice on the centre or room noticeboard.

I acknowledge and accept that _Kindercare_ reserves the right to enrol any child in accordance with their Enrolment Agreement and availability in their centres, and that _Kindercare_ reserves the right to terminate any child's enrolment at its discretion in line with our policies.

Parent Declaration　家長聲明

I declare that I have read, understood and accept the information in _Kindercare's_ Enrolment Agreement. I declare that all the above information is true and correct to the best of my knowledge.

Parent/Guardian Signature: _____　　Date: ___ / ___ / ___

Kindercare's Declaration　學校聲明

On behalf of _Kindercare_, I declare that this form has been checked and all relevant sections have been completed.

Kindercare's Representative Signature: _____　　Date: ___ / ___ / ___

I learned about _Kindercare_ from: 我是從哪裡知道學校的

Kindercare Website ☐	Kindercare Flyer ☐	Another Kindercare Centre ☐	Growth Chart ☐	OHBaby ☐	Little Treasures ☐
Tots to Teens ☐	Word of Mouth ☐	Bounty Pack ☐	Parent&Child Show ☐		Yellow Online ☐
Yellow Pages Print ☐	Google Search ☐	Web Search ☐	Newspaper Ad ☐		Facebook ☐
Staff Member ☐	Signage ☐	Previously Enrolled Child ☐	Other ☐		

All personal information on your child will be kept securely and remain confidential. Any changes to this agreement must be signed and dated by the parent/guardian and by Kindercare.

KINDERCARE Learning Centres
Because Children Matter

※前述紐西蘭Kindercare學校申請表為筆者2018年申請時的表格。最新申請表請寫Email向學校索取。

（2）The Guthrie School（美國）

　　美國Guthrie School夏令營申請表：其實申請表的內容大都大同小異，除了你得找出個緊急連絡人資料（最好在當地的，不然台灣的也可以），其他像就讀時間等，萬一到學校就讀後想改也是可以，所以不用太緊張，但如果你的小孩有特殊需求用藥等，就要非常仔細了。

SUMMER AT GUTHRIE
Enrollment Form (pg. 1)

Please complete a separate enrollment form for each child and submit with payment to The Guthrie School, 598 Old Custer Road, Allen, TX 75013. Additional forms may be downloaded for printing at guthrieschool.com

Student

Today's Date: _____

Name: _____   Gender: Male Female   Date of Birth: _____

Grade in Fall 2017: _____   School: _____

T-Shirt Size: Youth: XS S M L   Adult: S M L XL

Family
Parent 1 Name: _____   Parent 2 Name: _____

Student Mailing Address: _____

Daytime Phone: _____   Daytime Phone: _____

Cell Phone: _____   Cell Phone: _____

Email: _____   Email: _____

Other Pertinent Family Information: _____

If more space is required please use the Program Planner (pgs. 35-38)

CAMPS AND CLASSES (Please write neatly in block letters)

CLASS OR CAMP NAME	WEEKS (Circle all that apply)	TIME	FEE
	1 2 3 4 5 6 7 8 9 10		
	1 2 3 4 5 6 7 8 9 10		
	1 2 3 4 5 6 7 8 9 10		
	1 2 3 4 5 6 7 8 9 10		
	1 2 3 4 5 6 7 8 9 10		

Please make checks payable to The Guthrie School. Paying by credit card? Please call 972-596-6929 to complete your enrollment. Tuition is prepaid and non-refundable and non-transferable.
There is a 3% convenience fee added when paying by credit card.
If you have questions please call us at **972-596-6929.**

Enrollment Fee	$	60.00
Camp Fees	$	
Discounts	$	
TOTAL DUE	$	

How did you learn about The Guthrie School Program?

☐ We are a current Guthrie Family   ☐ Friend   ☐ Suburban Parent Ad
☐ I am a former Guthrie Student   ☐ Guthrie Website   ☐ Other _____
☐ Social Media   ☐ Dallas Child Ad

Enrollment Form pg.2

Authorizations

Please complete a separate enrollment form for each child and submit with payment to The Guthrie School, 598 Old Custer Road, Allen, TX 75013. Additional forms may be downloaded for printing at guthrieschool.com

Release & Authorization to Participate

I understand that The Guthrie School does not assume any responsibility in case an accident occurs. In consideration of the above named student being permitted to take part in activities and programs, I hereby agree to waive all claims, release, indemnify, defend, and hold harmless The Guthrie School, JMSB Group, LLC, its Head of School, Assistant Head of School, Director of Enrichment, faculty, agents, employees, and invitees together with all persons, including parents of students of The Guthrie School, assisting with any phase of such trips and activities and programs, including all expenses of litigation and/or settlement, which may arise in connection with such trips and activities and programs and all liability by reason of any accident or injury suffered by the above named student while on such trips and activities and programs or participation in such trips and activities and programs. I HEREBY FURTHER EXPRESSLY AGREE THAT SUCH INDEMNITY WILL APPLY WHETHER THE CLAIMS, SUITS, LOSSES, DAMAGES, CAUSES OF ACTION OR OTHER LIABILITIES ARISE IN WHOLE OR IN PART FROM ANY FORM OF NEGLIGENCE OF SAID PARTIES.

Consent for Medical Treatment

In the event I cannot be contacted to give my consent, I hereby authorize The Guthrie School, its officers, agents, and employees my consent to:
1. The administration of any treatment deemed necessary by a licensed physician or dentist, and
2. The transfer of the minor to any hospital reasonably accessible.
I understand that this authorization is given to provide authority and power on the part of The Guthrie School, its officers, agents and employees to give specific consent to any examination, diagnosis, treatment of hospital care, which, in the judgement of a licensed physician or dentist, is deemed necessary.

Student Health Information

Was your child enrolled in a public school in Texas for the 2016 – 2017 school year?

Circle one:　Yes　(No)

If no, current immunization records are required to attend The Guthrie School Summer Programs.

Please list/describe any health conditions:
_____
_____
_____

Student Allergy Information

Please describe the allergy, severity of reaction, and treatment or EMERGENCY ACTION REQUIRED:

Foods:_____

Drugs:_____

Insects:_____

Other:_____

Texas state law requires a letter signed and dated by a Healthcare Professional verifying a student's allergy to food and/or drugs.

Permission for Administration of Medicine

The student may be administered the following non-prescription medication or the generic equivalent according to manufacturers' recommended dosages by The Guthrie School's Head of School, Assistant Head of School, Director of Enrichment or their designee:

Please Circle All That Apply:

(Acetaminophen) (Ibuprofen) (Antibacterial Ointment) (Benadryl)

Other medications which may be required by the student must be supplied by the parents and brought to the school in the original container properly labeled with the name of the student, identification of the medicine, the dosage, and the time to be administered by The Guthrie School's designee.

Emergency Contacts

In the event of an emergency, parents or guardians will be contacted first. Please use at least one alternate emergency contact.

Emergency Contact 1: _____
Relationship: _____
Daytime Phone: _____
Cell Phone: _____

Emergency Contact 2: _____
Relationship: _____
Daytime Phone: _____
Cell Phone: _____

Individuals Authorized to Pick Up Your Child

Name 1: _____　Cell Phone: _____
Name 2: _____　Cell Phone: _____

Authorization & Acknowledgement

I state that I have financial and legal responsibility for the student named in this Enrollment Form. By signing below, I agree to all consents, authorization and permissions described within this Enrollment Form. I UNDERSTAND THAT TUITION IS PREPAID AND NON-REFUNDABLE AND NON-TRANSFERABLE.

Signature: _____　Relationship:_____　Date: _____

ADMISSION INFORMATION

Dear Parent,

The state of Texas requires each student attending a Guthrie Program to have 3 pieces of information on file at the Allen location, and these are needed for the child to be considered enrolled. This includes students in *The Guthrie School, Guthrie EXTEND, Guthrie Enrichment* and/or *Summer at Guthrie.*

> CURRENT IMMUNIATION RECORD –
> HEARING AND VISION SCREENING –
>   • **Public School Students**: See Box 1.
>   • **Students Who Attend Private School**: See Box 2.
>   • **Guthrie Students:** If the document is not on file by date of admission, parents are required to pay for Hearing & Vision Screening provided by The Shelton School unless a student's age prohibits it. The screening will be done at The Guthrie School.
> DOCUMENT OF A PHYSCIAL – A written statement, from a health-care professional who has examined the child within the past year, indicating the child is able to take part in the program in which he/she is enrolled.

REQUIRED INFORMATION FOR ALL STUDENTS

My child _____ attends the following school in the state of Texas:
　　　　　First Name　　　　　　　　Last Name

Name of School: _____

School's Address: _____

_____　　　_____
　　　　　　City　　　　　　　　　　　　　　　　　　　Zip Code

School's Phone Number: (_____) _____ - _____

BOX 1

CHECK ALL 3 DOCUMENTS IF THE CHILD ATTENDS A PUBLIC SCHOOL.

_____　My child's **IMMUNIZATION RECORD** is on file at the school and all required immunizations and/or tuberculosis tests are current.

_____　**VISION AND HEARING SCREENING** are also on file.

_____　**DOCUMENT OF A PHYSICAL** is also on file.

OR

BOX 2

PARENTS MUST SUBMIT ALL 3 DOCUMENTS IF THE CHILD ATTENDS The Guthrie School Or Another Private School.

_____　I have provided The Guthrie School a copy of my child's **MOST CURRENT IMMUNICATION RECORD**.

_____　I have provided The Guthrie School with results of my child's **HEARING & VISION SCREENING.**

_____　I have provided The Guthrie School with a copy of a **DOCUMENT OF A PHYSICAL** signed and dated by a Health Care Professional.

_____　　　_____
　　Signature – Parent or Legal Guardian　　　　　　　　　　　　　　Date

The Guthrie School
Discipline and Guidance Policy

A. Discipline must be:
    a. Individualized and consistent for each child;
    b. Appropriate to the child's level of understanding; and
    c. Directed toward teaching the child acceptable behavior and self control.

B. A caregiver may only use positive methods of discipline and guidance that encourage self-esteem, self-control, and self-direction, which include at least the following:
    a. Reminding a child of behavior expectations daily by using clear, positive statements;
    b. Redirecting behavior using positive statements; and
    c. Using brief supervised separation or time out from the group, when appropriate for the child's age and development, which is limited to no more than one minute per year of the child's age.

C. There must be no harsh, cruel, or unusual treatment of any child. The following types of discipline and guidance are prohibited:
    a. Corporal punishment or threats of corporal punishment;
    b. Punishment associated with food, naps, or toilet training;
    c. Pinching, shaking, or biting a child;
    d. Hitting a child with a hand or instrument;
    e. Putting anything in or on a child's mouth;
    f. Humiliating, ridiculing, rejecting, or yelling at a child;
    g. Subjecting a child to harsh, abusive, or profane language;
    h. Placing a child in a locked or dark room, bathroom, or closet with the door closed; and
    i. Requiring a child to remain silent or inactive for inappropriately long periods of time for the child's age.

Texas Administrative Code, Title 40, Chapters 746 and 747, Subchapters L, Discipline and Guidance

My signature verifies that I have read and received a copy of this discipline and guidance policy.

_____   _____
Signature   Date

Please check one:

_____ parent

_____ employee/caregiver

※前述美國Guthrie School夏令營申請表為筆者2017年申請時的表格。最新申請表請寫Email向學校詢問。2019年申請表資訊請參見：https://guthrieschool.com/wp-content/uploads/2019/03/enrollment-section_brochure-2019-3.pdf

3. 疫苗資料（翻譯）

　　美國和紐西蘭都會要求附上immunization form疫苗記錄。你只要把媽媽手冊上小孩打疫苗記錄拿去給專業翻譯社翻譯即可。除了紙本翻譯，也可要求電子版本，方便日後再次申請學校時，只需補之前還沒打的疫苗翻譯，可以省下很多錢喔（一份2歲多的小孩疫苗翻譯在南部約台幣1500元。通常補資料只需幾百元，看補的資料多寡）。

(Translation)

Vaccination Schedule and Record Form

Name: ▓▓▓▓▓▓　　　Citizen ID Number: ▓▓▓▓▓

Date of Birth: ▓▓▓▓▓　　　Sex: Male

The table above sets forth conventional vaccination items available from the government. Please dial 02-23959825 in case of any question.
Parents should keep this vaccination record permanently for the further need such as primary school admission, studying abroad, and various health record examinations.

Age for vaccination	Kind of vaccine		Reservation date	Vaccination date	Vaccination Given by
As soon as possible within 24h after the birth	HBIG HBV (Hepatitis B Virus) Immune Globulin	1 Dose			Yeh, oeng-kuei OBS & GYN Clinic
	Hepatitis B vaccine	1st Dose		June 29	
24h after the birth	BCG (Bacillus Calmette-Guerin vaccine)	1 Dose		July 10, 2014	East District Health Station of Tainan City
1 month after the birth	Hepatitis B vaccine	2nd Dose	July 29	July 29, 2014	Kanglian Pediatric Clinic
2 months after the birth	DTaP-Hib-IPV(Diphtheria and tetanus toxoid with acellular pertussis, inactivated polio and haemophilus influenzae type b vaccine)	1st Dose		August 27, 2014	Kanglian Pediatric Clinic
4 months after the birth	DTaP-Hib-IPV(Diphtheria and tetanus toxoid with acellular pertussis, inactivated polio and haemophilus influenzae type b vaccine)	2nd Dose		Oct. 31, 2014	Kanglian Pediatric Clinic
6 months after the birth	Hepatitis B vaccine	3rd Dose		January 2, 2015	Kanglian Pediatric Clinic
	DTaP-Hib-IPV(Diphtheria and tetanus toxoid with acellular pertussis, inactivated polio and haemophilus influenzae type b vaccine)	3rd Dose			Kanglian Pediatric Clinic
12 months after the birth	MMR(Measles, mumps and rubella vaccine)	1st Dose		June 29, 2015	Kanglian Pediatric Clinic
	Varicella vaccine	1 Dose		June 29, 2015	Kanglian Pediatric Clinic
1 year and 3 months after the birth	JE (Japanese Encephalitis vaccine)	1st Dose		Sep. 30, 2015	Kanglian Pediatric Clinic
	JE (Japanese Encephalitis vaccine)	The second vaccination to be performed in two weeks after the first one		Oct. 15, 2015	Kanglian Pediatric Clinic
1 year and 6 months after the birth (2 years and 3 months after the birth)	DTaP-Hib-IPV(Diphtheria and tetanus toxoid with acellular pertussis, inactivated polio and haemophilus influenzae type b vaccine)	4th Dose		Oct. 23, 2016	Chang-Yi Pediatric Clinic
2 years and 3 months after the birth	JE (Japanese Encephalitis vaccine)	3rd Dose		Oct. 23, 2016	Chang-Yi Pediatric Clinic
5 years old to the admission to primary school	Tdap-IPV(Tetanus, Diphtheria, Toxoids, acellular pertussis and inactivated polio vaccine)	1 Dose			
	MMR(Measles, mumps and rubella vaccine)	2nd Dose			
	JE (Japanese Encephalitis vaccine)	4th Dose			
Grade 1 of primary school	General survey of BCG [revaccination for children without vaccination record who are found negative in test]				
	13-valent Pneumococcal Conjugate Vaccine (PCV13)	2 m/o		Aug. 27, 2014	Kanglian Pediatric Clinic
	13-valent Pneumococcal Conjugate Vaccine (PCV13)	4 m/o		Oct. 31, 2014	Kanglian Pediatric Clinic
	13-valent Pneumococcal Conjugate Vaccine (PCV13)	7 m/o		Feb. 05, 2015	Kanglian Pediatric Clinic
	13-valent Pneumococcal Conjugate Vaccine (PCV13)			July 29, 2015	Kanglian Pediatric Clinic
6 months after the birth to Grade 6 of primary school	Influenza vaccine [vaccination to be performed during period from October to December every year in a controlled manner]	1st Dose		Dec. 6, 2017	Liu, Yi-Hsu Pediatric Clinic
	Influenza vaccine [vaccination to be performed during period from October to December every year in a controlled manner]	The second vaccination to be performed after four weeks after the first one	Jan. 9, 2015	Oct.-Dec.	
___ months after the birth	Rotavirus Vaccine	1st Dose		Aug. 27, 2014	Kanglian Pediatric Clinic
___ months after the birth	Rotavirus Vaccine	2nd Dose		Oct. 31, 2014	Kanglian Pediatric Clinic
___ months after the birth	Hepatitis A vaccine	1st Dose		June 5, 2017	Chang-Yi Pediatric Clinic
___ months after the birth	Hepatitis A vaccine	2nd Dose	Dec. 5, 2017	Dec. 6, 2017	Liu, Yi-Hsu Pediatric Clinic
___ months after the birth	Influenza vaccine			June 6, 2018	Liu, Yi-Hsu Pediatric Clinic

※ Notes
(1)Children aged less than eight who take flu vaccine for the first time shall receive two vaccinations, the interval between which should be more than one month; one vaccination shall be taken every year thereafter.
(2)The blanks on the end of the previous page are left for recording new or charged vaccinations for infants, young children, and school-age children.
(3)Please indicate the designation of each charged vaccine—for example, pneumococcal conjugate vaccine (PCV13/PCV10)—for purpose of the complete entry of vaccination information and the identification of subsequent desired vaccinations.

TANG YU TRANSLATION SERVICE
NO. 45 CHUNG MING RD. TAINAN CITY
台南市崇明路45號
I CERTIFY THAT THE TRANSLATION IS A TRUE AND CORRECT ENGLISH VERSION OF THE ATTACHED ORIGINAL TO THE BEST OF MY KNOWLEDGE AND BELIEF
DATED:
TRANSLATOR

唐宇國際（翻譯社）
唐宇國際有限公司

↑疫苗翻譯本範本

4.護照

對國外學生來說，護照就像是你的身分證一樣。所以學校都會要求護照影本。主要影印護照有頭像的那一頁和對頁即可（護照要記得確認至少6個月以上效期）。

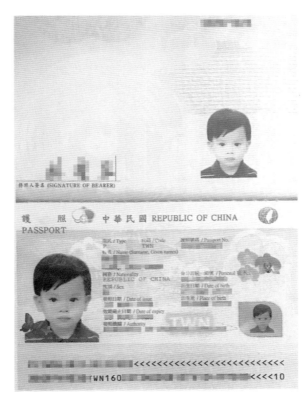

↑護照影本範本

31

二、幼兒園介紹

（一）基督城幼兒園介紹

1. Kindercare

https://www.kindercare.co.nz/

這間是經過幾番挫折，最後終於確認就讀的幼兒園。

☆ 是連鎖學校。在基督城有好幾間分校，很新，是三間裡設備最好的幼兒園。學校提供午餐、早上和下午的點心，所以家長完全不用準備食物，很輕鬆。

☆ Playtime有不一樣的老師，小於3歲的班級有一位老師專門負責尿布等清潔事宜。

☆ 玩具非常多，有很多新穎有趣的教具，看得我自己都想玩。

☆ 戶外有沙坑、小的滑索和各式各樣不同類型玩具，小朋友在Playtime時都可以自己選擇、自己去玩。

☆ 分齡比較細，2歲多的班級上課內容有唱歌、聽故事、還有手作勞作等；4歲多的班級，就有加入寫字和簡單數學。

☆ 有一位亞裔老師，但我們去時，他剛好回中國。

☆ 一星期五天讀整天的費用（9：00am-3：00pm）：3-5歲紐幣181.5元（優惠ECE後），3歲以下紐幣252.5元。

☆ 如有二個小孩就讀，學費打9折；三個小孩就讀，學費打8.5折。

Kindercare Learning Centres Ltd

FEE SCHEDULE: 3 YEARS & OVER
Centre: 217 AIDANFIELD
effective June 2017

Kindercare LEARNING CENTRES

REGISTRATION FEE: $ 20

DISCOUNTS:

15%	discount on total with 3 or more children from one family attending
10%	discount on total with 2 from one family attending

LATE FEES:

Children left after **5:30pm**   Monday to Thursday OR
              after **5:00pm**   Fridays
will be charged $20 per quarter hour or part thereof.

CHILDCARE FEES:

STANDARD RATES	Days Attending	20 HOUR RATES
$ 267.50	Five	$ 181.50
$ 235.00	Four	$ 149.00
$ 191.50	Three	$ 114.50
$ 148.00	Two	$ 97.00

SESSION RATES (8hrs)	Sessions Attending	20 HOUR RATES
$ 247.50	Five	$ 161.50
$ 217.00	Four	$ 131.00
$ 176.50	Three	$ 99.50
$ 136.00	Two	$ 85.00

Note: The 20 Hour Rate is a charge for those hours outside of the 20 Hours ECE Scheme only.

Kindercare Learning Centres Ltd

FEE SCHEDULE: UNDER 3 YEARS OLD
Centre: 217 AIDANFIELD
effective June 2017

Kindercare LEARNING CENTRES

REGISTRATION FEE: $ 20

DISCOUNTS:

15%	discount on total with 3 or more children from one family attending
10%	discount on total with 2 from one family attending

LATE FEES:

Children left after **5:30pm**   Monday to Thursday OR
              after **5:00pm**   Fridays
will be charged $20 per quarter hour or part thereof.

CHILDCARE FEES:

FULL DAY RATES	Days Attending	9:00-3:00 Session
$ 272.50	Five	$ 252.50
$ 244.00	Four	$ 219.00
$ 183.50	Three	$ 172.50
$ 131.00	Two	$ 122.00
$ 65.50	One	$ 61.00

←設置小朋友自己可以使
用的水龍頭，完全訓練讓
小孩自主

35

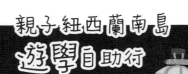

2. Halswell Learning Tree

https://www.halswelllearningtree.co.nz/

☆ 旁邊就是社區圖書館，學校有時會帶小朋友去那裡戶外教學。

☆ 上課時間有分：

整天session：7：30am-5：30pm

早上session：7：30am-12：30pm

下午session：12：30pm-5：30pm

半天session：9：00am-3：00pm

可以自由選擇想上課時段。

☆ 不提供午餐，但有提供早上和下午的點心。讓小朋友自己夾並輪流傳盤子，吃完必須自己把盤子杯子歸位。

☆ 這間幼兒園比較像台灣的幼兒園，校方希望剛開始上學時，家長只停留一陣子，然後就和小孩再見，但要讓小孩知道你會回來接他。他們比較不希望家長一直留在那邊，反而小朋友會更捨不得。

☆ 分齡沒那麼細，只有分比較小和比較大的小朋友，大概是以2歲為分界。所以如果你有二個2歲以上的小孩，並希望他們在一起上課的話，就可以考慮這間。

☆ 這間是三間裡面最便宜的，只有一間，不是連鎖學校。

3. BestStart Education and Care Centres

https://best-start.org/centres

☆ 這間學校在住宅區內。

☆ 環境是這三間裡比較老、比較擁擠的。

☆ 基本上僅提供資訊，如果真的其他間都沒有名額，再考慮這間吧。

☆ 一星期五天讀整天的費用：3–5歲紐幣160元（優惠ECE後）。

BestStart Aidanfield
50 Kinsella Crescent, Aidanfield 8025
Email: aidanfield@best-start.org
Phone: 03 339 2126
Web: www.best-start.org

BestStart Aidanfield

Fee Schedule

Effective 2nd July 2018
Minimum Enrolment of 2 days

			Fees (Before 20 Hours ECE)	Fees (After 20 Hours ECE)	
				Daily Rate 2 - 3 Days	4 days
AM/PM Sessions - 4 hours	Daily		$31.00	$0.00	$0.00
8:30am - 12:30pm or 1:00pm - 5:00pm	Weekly		$155.00	$0.00	
Short Day - 6 hours	Daily		$38.00	$0.00	$60.00
8:30am - 2:30pm or 9:00am – 3:00pm	Weekly		$190.00	$98.00	4
Full Day - 6.5 hours +	Daily		$56.00	$28.40	$132.00
	Weekly		$252.00	$160.00	

Hours of Operation	7:00am to 6:00pm. Closed for Public Holidays and Weekends.
Work and Income NZ	If parents are working or in training, they are likely to qualify for a child care subsidy which can reduce the fees above. For further information regarding this subsidy, please contact our Centre Manager.
Booking Policy	For bookings not shown above, please refer to Centre Manager for rates.
	The prices for 'Over Three Years After 20 Hours ECE' are calculated based on all days booked falling within the same fee bracket (i.e. all days booked fall within the Short Day fee bracket). The calculation includes a maximum of 6 hours '20 Hours ECE attestation' per day for the first 3 days and the remaining 2 hours for the 4th booked day, totalling a maximum entitlement of 20 Hours ECE Attestation per week. Rates are subject to change should attestation be different, and/or the weekly booking crosses over more than one fee bracket.
Deposit	One week's fees are payable upon enrolment. This is non-refundable if your child does not start with the centre and less than one week's notice is given.
Enrolment Fee	An enrolment fee of $20 is payable upon enrolment. This is non-refundable.
Meals	All children are provided with morning and afternoon tea. Children attending a full day are provided a nutritious lunch which changes on a daily and seasonal basis. For children attending sessions or a short day with a booking over the lunch period, the option of having lunch provided is $5.50 per day. Lunch is not available for children attending afternoon sessions only.
Nappies	Nappies are to be provided by the parent.
Optional Charge	For the hours of care that are fully attested under 20 Hours ECE optional charges are requested at the rate of $1 per attested hour. The optional charge allows us to provide additional resources and activities above the minimum government requirements, for your children's benefit.

Terms & Conditions
Enrolment at this facility confirms your acceptance of the terms and conditions. The terms and conditions contained herein are not exhaustive. Further terms and conditions are contained in published centre policy documents, rules, notices, parent handbook, etc. Fee schedules may be reviewed from time to time. Where possible at least two weeks' notice of any changes will be given. The centre

　　其實在google地圖上只要打進「Aidanfield kindergarden」就會出現很多學校。如果要找整個基督城的幼兒園，就打「Christchurch Kindergarden」，非常簡單，以此類推。任何其他區域、其他城市，都可這樣蒐尋，然後再點進去學校網站了解這學校的環境、理念等，有任何問題的話，直接寫email去問即可。

　　以下提供基督城Aidanfield和Halswell區域的部分學校名稱及其網址：

☆ Little House Montessori Preschool

　　https://www.littlehousemontessoripreschool.co.nz/

☆ Cornerstone Aidanfield：http://www.cornerstone.school.nz/

☆ Halswell Nest Early Learning Center

　　https://sites.google.com/a/nests.co.nz/halswell-nest/centre-overview

☆ Kidsfirst Halswell Kindergartens

　　https://www.kidsfirst.co.nz/Find-Kindy/Christchurch/Christchurch/

　　kidsfirst-halswell-__I.1678__C.1676__N.524

☆ Seedlings：http://www.seedlingspreschool.co.nz/

☆ The Light House Pre-School

　　https://www.thelighthousepreschool.org/

（二）紐西蘭幼兒園一二三

☆ 其實他們不會一開始就讓你付費上課，他們也希望讓小孩適應學校，所以會建議給小孩三天時間。這三天內，一開始可能先一個小時，上午或下午，然後視情況慢慢加，家長可以陪伴。他們很重視給小朋友安全感，讓小孩對環境熟悉，所以不建議家長突然不見。

☆ 剛到學校時，老師會依小朋友年齡和狀況幫小朋友分班。

☆ 紐西蘭有個政策：3–5歲的小朋友（紐西蘭滿5歲就可以上小學了），一個星期可以有20小時ECE。這個其實就是一星期可以有20小時免費上課的意思。我們本來以為只有紐西蘭人才有，結果連我們這種短期遊學的外國人也享有這個優惠，真的很棒。

☆ 紐西蘭學校很重視下班時間，所以超過時間接小孩會要付很多錢，以Kindercare為例，超過每15分鐘要付紐幣20元。

☆ 因為紐西蘭太陽很大，所以小朋友一定要準備最好整個都有帽沿的帽子，大部分學校也會提供防曬乳。另外要多準備一套衣服給小孩替換，其實不用穿好的衣服，因為都會玩土、玩水。水壺是必要的。需要用尿布的小朋友也要自行準備尿布。小朋友都會有自己的籃子或櫃子，放自己的衣服等物品，建議所有物品都要有名字，避免拿錯。

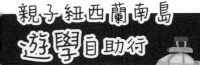

☆ 有些幼兒園會提供午餐，有些不會。如果要自帶午餐，通常就是簡單三明治、餅乾和水果。如果有需要冰的東西，學校有冰箱，可以寫好名字，讓老師放進冰箱。另外學校都會準備點心，並讓他們學習自己收盤子。

☆ 如果小朋友不舒服，千萬不要讓他上學！在台灣，可能因為家長要上班，所以偶而小朋友沒有很嚴重還是會讓他去上學。但在國外，他們很怕傳染給別的小朋友，所以如果小朋友有不舒服、發燒、起疹子等症狀都要留在家自行照顧。

☆ 跟台灣一樣，除了必要東西需要帶到學校之外，其他玩偶、玩具等都不能帶到學校。

☆ 紐西蘭幼兒園很多Playtime。他們會有很多玩具或設計不同遊戲，也會有老師在旁邊陪他們玩。

（三）紐西蘭幼兒園就學感想

紐西蘭的教育感覺跟美國有些不一樣。美國老師會比較多鼓勵，很高調的讚美，說話起伏也比較大，比較能吸引學生。紐西蘭的老師其實比較冷靜，他們有他們自己的一套方式，不隨小孩哭鬧影響，會讓他們冷靜下來，跟他們講秩序、講道理。

在教育方面，更多玩的時間，但有非常多玩的東西變換；在教學方面，大部分就是唱歌、說故事（語言也會參雜毛利語教學），和一些其他主題活動。

40

整體來說，我覺得紐西蘭的教育很注重小孩個人發展，老師會去觀察，不會要小孩一個動作一個指令，不會強迫。這相對於台灣的教育會很不一樣。可能台灣教育習慣老師說什麼小孩做什麼，又或者因為很多小孩在家很受寵，需要老師很多的安撫、很多的關注。可能一開始剛入學時，紐西蘭的老師會這樣做、但也有可能不會，很大的部分要看老師個人。

　　紐西蘭人很重視小孩教育，從各個公共環境設施都可以看得出來他們對小孩的重視。而他們從家庭教育開始，從非常小就盡量讓小孩自己動手，放手讓他們去做，所以養成他們非常獨立的習慣。這可能是和台灣教育最大的不同吧。

　　另外很深刻的是，他們幼兒園真的有好多很有創意的遊戲，如果能融入，真的可以玩到很多東西，就怕小孩太內向，無法放下心防，所以如果要帶小孩來紐西蘭遊學，建議事先預習獨立，並心理建設，讓小朋友不怕新環境、不怕聽不懂的語言。雖然很難，但其實放手、讓小孩有好奇心、學習勇敢等，都是我們從小就要訓練的。不過就算真的不行也別氣餒，小朋友如果來到這裡什麼都聽不懂，那就玩呀；如果太內向，學校待不下去，那家長也可以帶小孩去外面活動呀，社區也有很多學習的課程，家長都可以陪伴在旁邊；或者去圖書館看書、公園玩等等，只不過這時家長會比較累，還得扮演老師的角色。我相信透過父母自己當老師的優質陪伴與教學，小孩也可以有非常大的收穫。

（四）美國德州艾倫The Guthrie School介紹

https://guthrieschool.com/about-us/

☆ 雖然住址在艾倫（Allen），但其實就位於德州Plano普萊諾旁邊，普萊諾是近年來非常夯的新興城市，甚至被選為全美最幸福城市。社區很乾淨，商場很成熟。

☆ Plano感覺有很多在科技公司上班的印度人，也有很多蒙特梭利學校。

☆ 這間學校櫃檯還飼有一隻很大的烏龜，小朋友非常喜歡。

☆ 需要自己準備午餐和水壺。

☆ 住宿相對便宜。

☆ 附近有很多商場和outlet暢貨中心可以逛。

☆ 鄰近有休士頓大城市可以去，包括太空中心等。

The Guthrie School夏令營（3–13歲）

☆ 夏令營網站介紹：https://guthrieschool.com/summer-at-guthrie/。

☆ 除了有給幼兒園小朋友的夏令營，也提供給國小1–6年級小朋友的夏令營。

☆ 夏令營是以一個星期為單位，每個星期有不同主題，可以選擇喜歡的主題參加。

以下是3、4歲小朋友的夏令營主題和學費（以每周為單位，其他詳細內容可輸入上面夏令營網址查詢）。

EARLY CHILDHOOD SCHEDULE
GET READY FOR SCHOOL!

Pre-School (3s): From 8:30-11:30 our students will be exposed to a vareity of concepts with the emphasis on phonics, math, and fine and gross motor tasks. They will learn to recognize and trace letters and numbers, use manipulatives to develop strong math skills, build memory, and spark their creativity.

Pre-School (4s): We are dedicated to providing a balanced curriculum to meet the needs of the whole child. From 8:30-11:30 our curriculum focuses on phonics, math, reading, manuscript and writing, critical thinking skills, presentation, lead-ership, and organization. Using a variety of materials, our curriculum approach-es learning using multiple senses and teaching methods.

Early Childhood (Pre-School-Pre-Kinder)

Week	Academic 8:30 - 11:30 Cost	Academic 8:30 - 4:30 Cost	8:30 - 6:00 Cost	Weekly Theme
1. May 28 - 31	$156	$268	$300	Plants & Seeds
2. June 3 - 7	$195	$335	$375	Zoo Animals
3. June 10 - 14	$195	$335	$375	Ocean
4. June 17- 21	$195	$335	$375	Patriotic/USA
5. June 24 - 28	$195	$335	$375	Camping
6. July 8- 12	$195	$335	$375	Insects
7. July 15 - 19	$195	$335	$375	Dinosaurs
8. July 22 - 26	$195	$335	$375	Space
9. July 29 - Aug. 2	$195	$335	$375	Sports
10. August 5 - 9	$195	$335	$375	Back to School

三、基督城The Aidanfield Christian School 學校介紹（5－15歲）

http://aidanfield.school.nz/

　　聽基督城Jennifier說，有很多外國人會來這裡的小學上半年、甚至一年的課，讓我不禁對這裡的小學好奇起來，請她帶我去看。結果她帶我參觀了也是在我們住的民宿附近的一間基督教學校。

　　我好喜歡這間學校呀。不是很大，但有很大的草皮。尤其是他們的教室，從窗戶外面看進去，好多色彩，讓人感覺在裡面上課會非常好玩，甚至可以說是在玩中學的感覺。

　　又請教了Jennifer，這裡的小學教育如何？她說其實都會按學生程度分組，因此不是像在台灣，老師在上面講課，所有小朋友聽一樣的內容。今天這個小朋友已經知道了這個知識，就可以繼續學下一個知識；相反的，如果今天這個小朋友學得比較慢，老師也會等小朋友學會，才會往下教。

　　在我看過這個學校的網站後，更確認了我覺得這裡很適合小朋友來遊學的想法。

　　因為學校自己也知道有很多外國人想來這裡學習，所以他們乾脆公開歡迎這些外國人，可以來短至一星期（夏季）、長至一年的遊學。而且他們還說會依小朋友英文程度幫助他們，甚至會有一個會說中文的老師在旁邊幫忙。

學校網站還有簡單的各國歡迎詞和不同語言學校簡介，並歡迎家長寫email詢問相關遊學細節。

以下提供幾個The Aidanfield School資訊，供家長參考（官網截取）：

☆ 紐西蘭滿5歲就可以進小學，學校一年有四個學期。

TRANSLATED INFORMATION

Select a translation above.

 奠定基础

开学

进入学校学习的每个学生有各不相同的学习经历，大家聚到一起来，让你的孩子开始接受独特的启蒙教育。开头几年的课程重点在于培养学生的理解能力，每个课程都渗透着圣经理念，给他们奠定良好的学习基础。

新生 — 1年级

新生课堂是儿童启蒙教育的第一道大门，在能激发学习兴趣的氛围中让学生了解日常活动并养成学习习惯，使他们能在未来岁月里在社会上立足。

教师热爱每个学生，在所有课程的教学过程中培养学生的技能和基本理解能力。对每个学生来说，小班制教学具有不可替代的优势，采用不同的学习方式花时间进行探索和学习，确保每个学生接受最好的启蒙教育。

2-3年级

这两年是培养学生自信心的重要阶段，要让他们爱上学，并参加学校日常活动。这个年龄段的儿童变得越来越独立，通常会自己挂书包，在教室里会独自管好自己的学习用品。这个阶段的课程着重强调阅读、写作和基本算术能力的培养。

在学校成长

4-6年级

这个年龄段的学生已经建立了很多基本概念，可以让他们进行更具挑战性的社交活动和体育活动。

在课程教学过程中，儿童表现出更多的个性和特长，更重要的是要让他们认识自己、美德和个人信仰。

在这个阶段，他们表现出越来越强的独立学习能力。要定期表扬他们在各种学习课程和课外活动中表现出来的个人特长。激发学生的创造性思维，考虑用替代方法解决问题，对他们的学习提出更高的要求。鼓励学生更加积极地参加校园的各种宗教仪式，了解耶稣基督如何变成生命的一部分。在这个阶段，我们会邀请学生家长参与作为生命一部分的学习活动，让学生在学习活动中充分表现个人特长和天赋。课外活动（芭蕾舞、橄榄球、糕点制作、教会活动、文化兴趣和学习等）是家庭作业的一部分，让家长从中发现孩子的兴趣所在，学校不安排繁重的传统书面作业。

TERM DATES FOR 2019

Term 1 - Monday 4th February to Friday 12th April
Wednesday 6th February - Waitangi Day - School closed

Term 2 - Monday 29th April to Friday 5th July
Friday 31st May - Teacher Only Day - School closed
Monday 3rd June - Queens Birthday - School closed

Term 3 - Monday 22nd July to Friday 27th September

Term 4 - Monday 14th October to Friday 13th December
Monday 28th October - Labour Day - School closed
Friday 15th November - Canterbury Anniversary Day - School closed

☆ 這間學校提供homestay（住宿家庭）。但5-9歲需有一個家長陪同。10歲以上可以自己獨立跟住宿家庭住，而且住宿家庭還會包去學校交通和伙食（當然要付錢啦）。在我聽起來這真的是一個讓小孩學英文和體驗當地文化不錯的選擇。

☆ 課程：

English

Mathematics

Science

Social Studies

Physical Education and Health

The Arts （music, visual art, dance, drama）

Technology

Languages

☆ http://aidanfield.school.nz/Web/156/這個網址提供國際學生的相關資訊，包括申請表。

☆ 學費：

International Student Fees

(all prices shown are in New Zealand Dollars)
All fees apply to applications received from February 2018

Short Term (from 1 to 10 weeks)

Enrolment Fee	$150 (non refundable)
Tuition Fee (per week)	$400 ($350 for each extra family member)
Tuition Fee (late application)	$600 per week (for applications received within 28 days of the intended start date)
Uniform Hire	$10 per week - Primary pupil
	$20 per week - Middle School pupil
Uniform Bond	$100 per pupil (returned to parent when uniform is returned in an excellent condition and clean)
Homestay (if required)	$315 per week

Medium Term (from 11 to 30 weeks)

Enrolment Fee	$300 (non refundable)
Re-enrolment Fee	$100 (Enrolment fee reduction applies to pupils who are currently enrolled at ACS and apply to extend their study at ACS for a further period. There must be no break in the course of study except for a normal school holiday period when the school is closed.)
Tuition Fee (per week)	$400 ($350 for each extra family member)
Insurance	$600 (approximate cost if provided by school)
Uniform Hire	Will need to be purchased
Homestay (if required)	$315 per week
Pastoral Care	$500 (per annum)

Long Term (Full year)

Enrolment Fee	$300 (non refundable)
Re-eenrolment Fee	$100 (Enrolment fee reduction applies to pupils who are currently enrolled at ACS and apply to extend their study at ACS for a further period. There must be no break in the course of study except for a normal school holiday period when the school is closed.)
Tuition Fee (per year)	$12,500 ($10,500 for each extra family member)
Insurance	$600 (approximate cost if provided by school)
Uniform Hire	Will need to be purchased
Homestay (if required)	$315 per week (part charge applies for weeks when child returns to home country on holiday/visit)
Pastoral Care	$500 (per annum)

*Aidanfield Christian School is a signatory to the New Zealand Code of Practice
for the Pastoral Care of International Students as established under Section
238F of the Education Act 1989.*

↑圖片來源：引自Aidanfield Christian School官網

47

Chapter 2

南島自助行行前準備

一、選擇旅行夥伴

基督城Jennifer說：你確定你真的要帶你媽媽一起去？我跟她確認我帶媽媽的意圖之後，過幾天，她又說：帶老人和小孩一起自助行，是非常累的。我建議妳可以參加當地旅行團，或請司機或跟別人併小巴比較輕鬆，就不用自己開車找路！

Jennifer的建議其實非常中肯，因為她剛和兩個老人、兩個小孩從東京自助行回來，她累到我完全沒聽到任何有關東京旅遊的事。

但對我來說，就是因為有兩個小孩（一個2歲半，一個4歲半），2對2太累，因此我才需要多一個人來幫忙照顧。而且自駕遊，一定要有一個人看地圖找路（因為隊友需要專心開車），如果只有我看地圖、又要顧小孩，我完全不敢想像那是什麼情景，所以才要多帶一個人幫忙看小孩，這時誰是那一個人就非常重要了！

選旅伴有幾個重點，僅供參考：

1. 要夠熟夠親、可以和妳老公和小孩住在同一個房間。（因為要省多定另一間房間的錢）

2. 要能吃苦。（旅行中有非常多的不便，可能有時有一餐沒一餐、又或者要住在不是很舒適的旅館）

3. 要對小孩有耐心。（因為是長時間跟小孩相處，如果對小孩沒耐心，可能行程還沒結束，就被小孩疲勞轟炸受不了了）

4. 意見不要太多。（因為旅行中有很多未定因子，多人多意見，萬
　一夥伴是個很有想法的人，那在決定事情時會非常累：吃什麼
　呀、住什麼呀、去哪裡玩呀、天啊，我無法想像……）

　　如果以上優點都沒有，那我建議找個會攝影的夥伴，至少旅程回
來，你會多很多好看的照片，可以彌補旅途中相處的不便。

　　以上純屬個人意見。大部分親子遊學行都只有父母和小孩。但本人
怕太累，所以綜合以上重點，帶了我任勞任怨沒意見的媽媽，順便可以
讓媽媽和孫子有一段日夜相處時間，並且是在宛如世外桃源的南島，何
樂而不為呢？

如果口袋很深的話，建議直接找當地華人租車公司或旅行社直接包車，
司機還可以當嚮導，安排行程、住宿、活動等都可以直接交給專業，這
樣就可以完全專心旅遊，輕鬆享受親子時光囉！
（Facebook搜尋「Viphire Car Rental 新西兰华人租车公司」，或「跟著Sherry
玩翻紐西蘭」）

二、機票

　　這次出國剛好遇上2018年11月紐西蘭復航優惠，經濟艙票價最低台幣19000元起，豪華經濟艙台幣42000元起，但優惠是要搭配日期時間的，所以要配合官網的優惠時間，才能選到最便宜的，最後我們3大2小選坐豪華經濟艙，約台幣20萬元（小孩75折）。

　　其他航空選擇則可以透過skyscanner、Kayak等作搜價搜尋，或者關注部分航空所推出的特價活動，如華航等。便宜的組合包括轉機，或坐到奧克蘭，再單買國內機票，但因為帶小孩，還是買直飛票比較實在。

1. 2018年年底紐西蘭航空出現罷工事件，並且好像會有不預警停飛、客服聯絡不到的問題，所以請大家自己斟酌。

2. 很多人會對紐西蘭航空從奧克蘭到基督城，中間短短1小時40分鐘的轉機時間有很大的疑問。當初我們也是，還好，最後還是搭上。不過其中有很多「眉角」、「機關重重」，附上以下幾點建議，希望能讓大家轉機更順暢：

　☆嬰兒車不要隨機，要跟行李箱：本來以為嬰兒車隨機，才不用抱著小孩，結果這卻是讓我們變得很趕的主要原因。因為紐西蘭航空不像以前我們搭過的其他航空，你一下飛機，嬰兒車會在飛機出入口等你，嬰兒車反而最慢才出來！所以在台灣托運行李時，嬰兒車也

要一起拖運，才不會浪費寶貴時間！

☆所有要報關的物品，要放在隨身行李或集中在同一個托運行李箱：
　我們要出關時，其實要報關的排隊隊伍反而比不用報關的短，而且
　幾乎很快，排不到3分鐘就排到我們。也只有問簡單問題，還是華
　裔，所以會說中文，重要的是他會問你有沒有帶機上水果、食物下
　機，要記得不要帶下機就好了。

☆出關以後，會遇到一個問題，行李怎麼辦？答案是趕快在國際班機
　這邊上行李帶（出關後往右走）。要從國際班機航站上行李帶是有
　時間限制的，要在下一個班機起飛60分鐘前才可以，不然就要自己
　帶去國內班機線。

　　我們當時非常緊急，就差1分2分，check-in了三個行李，剩下一個行
　李沒有成功，還好旁邊有專員可以幫忙，不過最後到達基督城時，
　有一個行李沒到，還好傍晚就由機場人員免費送到住宿門口。

☆出關後，有兩種方式可以到國內機場：一是搭接駁車、一是走路。
　我們本來還在猶豫要選哪個方式，問了一下機場人員，他說走路比
　較快，我們就這樣上當了！推著推車，還抱著一個小孩，頂著大太
　陽，沿著綠色很寬的指示線一直走，很累！唯一的欣慰是有台灣團
　也一起走，所以我們就跟著他們當起偽團員，聽著導遊說一些有關
　紐西蘭的事⋯⋯

☆另外萬一真的不幸沒有趕上轉機，紐航應該也會幫忙安排下一班飛
　機，所以也不用太擔心緊張了⋯⋯

☆回台灣時，搭機就簡單了！行李直接從基督城直掛到台灣就可以，
　轉機時也可以輕輕鬆鬆坐接駁車。

三、住宿

　　住宿其實占旅行中大約四分之一的花費。如果單獨旅行，或者幾個好友自助行，則可大膽嘗試YHA青年旅館等較為便宜的住宿。但既然有小小孩，有私人空間其實是非常重要的（小孩很難控制，我們並不想吵到別人）。再加上如果小孩在學校唸書時，需要長時間住在同一個住所，這時，一個舒適、適合小孩跑跳的地方則很重要。

　　因為是長時間住在同一住所，住在旅館裡則顯得不是那麼合適，一則旅館單價較高，二則住的地方稍嫌小，不適合長期居住，好處是每天有人打掃、也有公共設施；自駕遊時也有人會選擇露營車，我則是怕小孩太小不方便，而且也有些微危險性。

　　所以我們最後選擇住在當地人出租的獨立房子，有私人空間、空間大，甚至還有庭院，小孩回家後還可以有地方跑跳玩耍、消耗體力。

　　紐西蘭當地人比較常用的長期住宿網站有Holiday Houses和Bookabach。紐西蘭似乎較不常用Airbnb，所以雖然也可以找到房子，但選項不如Holiday Houses和Bookabach的房子來的優質和量多。而有些Bookabach的房子也會在Holiday Houses上刊登，但會在上面括號（Bookabach），最後還是得要透過Bookabach網站預定。

　　這次旅行最後是Holiday Houses、Bookabach、Booking.com和Airbnb四個網站搭配組合訂房，後面自駕遊環島時，**選擇每個地方都待兩晚（除了Invercargill，因為天數不夠了，而且比較像是過境）**。因為帶著兩個小小童，如果每天早上都要早起打包，會非常累哦！

Holiday Houses和Bookabach缺點：

1. 有些有最少住宿天數，從2天到幾個月不等。

2. 人愈多住宿費愈貴。這種家庭住宿大部分並不是一個定價，會因你的住宿人數而增加房費。

3. 有些需要銀行轉帳，並不接受信用卡（我這次定的，居然還有一間住宿可以直接把住宿費放在抽屜裡即可！但其實在我寫這本書時，好像就已經進步到都可以用信用卡，真是方便多了）。

4. 有些床單、枕頭套、棉被套需要加錢（一人約紐幣25元），如果要省錢，需要自己帶。

5. 大部分會額外收清潔費。Bookabach則提供選項，如果能回歸住宿前的狀態則不用收錢。不過既然出來玩，通常很早就要出門，所以還是給他們賺吧！

以這次基督城13天住宿為例：

（一）Holiday Houses預定介面

1. 先進入Holiday Houses網頁（Holiday Houses是紐西蘭本地的民宿網站，會比Airbnb多一點紐西蘭當地的民宿）。
https://www.holidayhouses.co.nz/

2. 輸入想去的地方英文：如Halswell、Aidanfield、Auckland、
   Christchurch等。當我輸入Halswell，則顯示當地有7間民宿出租。

3. 接著點進去Halswell，會出現仔細的房子選項，每間房子會顯示起
   跳價錢、大概住址、可以住的人數、幾張床、幾間衛浴和幾顆星
   評分。這時再選擇想了解的房子，點進去即可。

4. 點進去想看的房子後，會出現房東對房子的描述、房子概況、房
   子設備、child friendly適合小孩、有沒有免費網路、需不需要自備
   床單、被單、枕頭套等（有些會免費提供，有些不會，這時要看
   如果需要房東準備，需收取一個人多少錢，通常一個人約紐幣25
   元）。

5. 在這個頁面還會出現床的大小size和客人評論。床的大小分類如
   下：

   King 167cm x 203cm ／Queen 153cm x 203cm／King Single 107cm x
   203cm／Single 91cm x 188cm／Bunk bed 有兩種：一種是一樣寬（L
   2040 x W 1045 x H 1560 mm）；另一種是下面的床比較寬（上面的
   床 92cm x D190 cm;下面的床 140 cm x D190 cm）。

6. 再往下拉可以查詢房子有空位的日期，有顏色的代表已經訂走
   了。在Rates價錢部分會告知房子的出租價錢，這裡顯示的是：一
   個人每晚紐幣170元／每加一個人多紐幣10元／至少要住14晚（比
   較少數會要求要住這麼多晚）／要收紐幣80元清潔費。
   再往下也會顯示地圖。如果要詢價，就按「Enquire」詢價。

7. 按下詢價後，會要你輸入入住日期和離開日期、幾個大人和幾個
   小孩，並會顯示房租總額，確認後按「Continue」繼續。

2.

3.

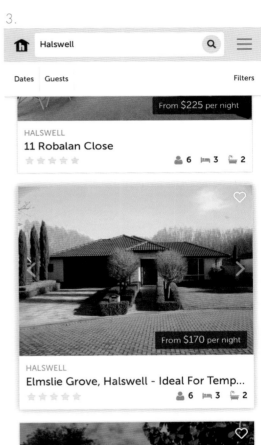

4.

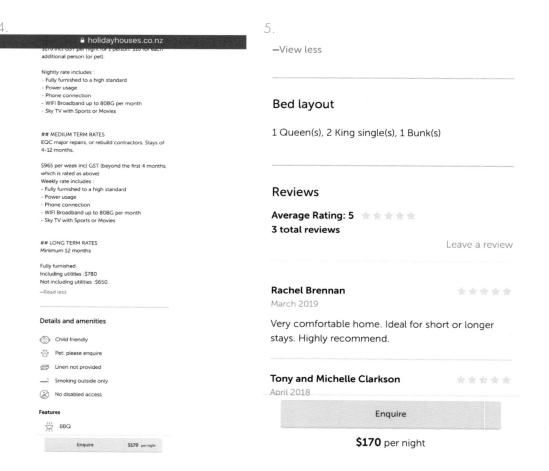

🔒 holidayhouses.co.nz

$170 incl GST per night for 1 person. $10 for each
additional person (or pet).

Nightly rate includes :
- Fully furnished to a high standard
- Power usage
- Phone connection
- WIFI Broadband up to 80BG per month
- Sky TV with Sports or Movies

MEDIUM TERM RATES
EQC major repairs, or rebuild contractors. Stays of
4-12 months.

$965 per week incl GST (beyond the first 4 months,
which is rated as above)
Weekly rate includes :
- Fully furnished to a high standard
- Power usage
- Phone connection
- WIFI Broadband up to 80BG per month
- Sky TV with Sports or Movies

LONG TERM RATES
Minimum 12 months

Fully furnished.
Including utilities :$780
Not including utilities :$650.
—Read less

Details and amenities

Child friendly

Pet: please enquire

Linen not provided

Smoking outside only

No disabled access

Features

BBQ

Enquire　　$170 per night

5.

—View less

Bed layout

1 Queen(s), 2 King single(s), 1 Bunk(s)

Reviews

Average Rating: 5 ★★★★★
3 total reviews

Leave a review

Rachel Brennan ☆☆☆☆☆
March 2019

Very comfortable home. Ideal for short or longer
stays. Highly recommend.

Tony and Michelle Clarkson ☆☆☆☆☆
April 2018

Enquire

$170 per night

8. 接下來的網頁會需要你的名字、email信箱、手機號碼（台灣前面
就加886），和你要給房東的信息（看有沒有想要詢問房東的問
題），然後按「Send an enquiry」，等待房東回信即可。

P.S. 相關網站資訊、操作介面隨時可能更新。

6.

March 2019

Su	Mo	Tu	We	Th	Fr	Sa
					1	2
3	4	5	6	7	8	9
10	11	12	13	14	15	16
17	18	19	20	21	22	23
24	25	26	27	28	29	30
31						

■ Booked

Rates

All year

$170 / Night for 1 guest

Extra guests: $10   Min. stay: 14 Nights

Minimum stay requirement is 14 nights.
A compulsory cleaning fee of $80 is charged at the end of your stay.

Enquire

$170 per night

↑圖片來源：引自Holiday Houses網站
／手機操作介面

7.

Send an enquiry
Enter the details for your stay   ✕

$190 per night

Check in	Check out
03/04/2019	27/04/2019

Guests

2 Adults, 1 Child ▾

$190 x 24 nights	$4560
Total (estimate)	$4560 ⓘ

Continue

8.

Send an enquiry
The owner will respond via email.   ✕

Name

First name(s)	Last name

Email

Your contact email address

Phone

Your contact phone number

Your message

eg. Age of children, special requirements, etc.

Send an enquiry

（二）Bookabach預定介面

　　Bookabach屬於紐西蘭當地的租屋網站，有很多比較貴的民宿出租，特別是在皇后鎮等觀光聖地。但偶爾也有較平價的民宿，完全靠搜尋和運氣。因為有很多民宿只在Bookabach或只在Holiday Houses刊登，所以想找到適合的民宿，還是得交叉搜尋不同房源才能找到理想民宿。

1. 先到Bookabach網頁（HomeAway也是屬於Bookabach一部分，訂房進行到後面會跟HomeAway產生連結）。

2. 輸入要去的地點（如Queenstown、Lake Tekapo等）和日期（有個彈性日期的選項，可選擇加減幾天或不可彈性，確定後按「set dates」）。

1.

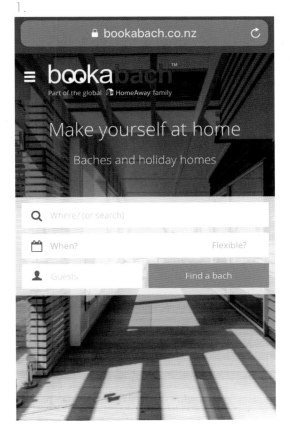

2.

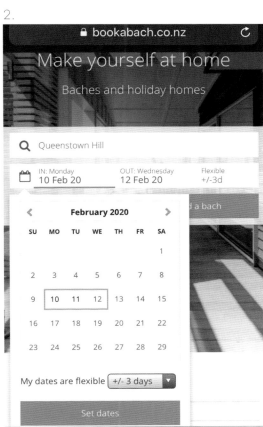

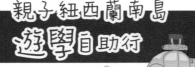

3. 輸入幾個大人、幾個小孩（小於16歲）和有無寵物（Pets），確認
   後按「Done」。所有選項都選好後，按「Find a bach」開始搜尋租
   屋。

4. 出來民宿選項後，點選想了解的民宿，可以點選看更多圖片（如
   點選圖片左下角的17photos）。

3.

4.

62

5. 這個頁面會有所有有關這間民宿的所有資訊，包括可不可以帶小孩和寵物、可以住幾人、有幾間房間、幾張床和幾間衛浴等。

6. 還會顯示非常重要的：需不需要另外付清潔費或床單費（Extras：Cleaning（清潔）included（有包括）；Linen（床單）included）。

5.

6.

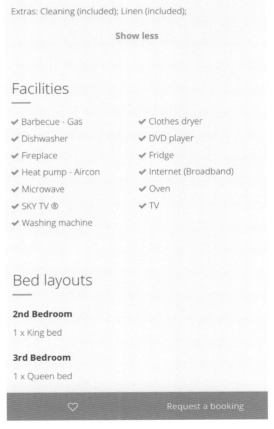

Extras: Cleaning (included); Linen (included);

Show less

Facilities

✔ Barbecue - Gas
✔ Clothes dryer
✔ Dishwasher
✔ DVD player
✔ Fireplace
✔ Fridge
✔ Heat pump - Aircon
✔ Internet (Broadband)
✔ Microwave
✔ Oven
✔ SKY TV ®
✔ TV
✔ Washing machine

Bed layouts

2nd Bedroom

1 x King bed

3rd Bedroom

1 x Queen bed

Request a booking

63

7. 床的種類（Bed Layout）：
   2nd Bedroom（第二間房）：一張King size床
   3rd Bedroom（第三間房）：一張Queen size床
   Master Bedroom（主臥室）：一張King size床

   Availability（有空位日期）：
   白色：有空位
   橘色：可能有空位
   粉色：已經被訂走了

P.S. 下面有註解說明：價錢可能會因日期、人數有變，有可能需要最少入
　　 住日期或其他服務費。

8. 這個頁面也會有評論，最下方則顯示總金額，如果要直接訂
　 房付訂金，就按「Book」；如果有問題要詢問房東，則按
　 「Enquire」；如果要問可不可以定房，就按「Request a booking」。

7.

Bed layouts

2nd Bedroom

1 x King bed

3rd Bedroom

1 x Queen bed

Master Bedroom

1 x King bed

Availability

Available ▓ Maybe booked ▓ Booked

February 2020

SU	MO	TU	WE	TH	FR	SA
						1
2	3	4	5	6	7	8
9	10	11	12	13	14	15
16	17	18	19	20	21	22
23	24	25	26	27	28	29

*Pricing may vary depending on the dates you choose and the number of guests. Additional charges (extras) and minimum stay criteria may also apply. Service fees may also apply.

Reviews (1)

♡　　　　　　Request a booking

8.

The house was so warm

"The house was so warm ... and the view amazing plus only a short stroll into town itself."

NickyCo1　100% | 2x Aug 2016

No more to load

$1,508 for **2** nights*

Proceed for a detailed quote

Dates

📅	IN: Monday 10 Feb 20	OUT: Wednesday 12 Feb 20

Adults	Kids (<16)
👤 2	👥 1

Book Now	Enquire

Book securely in just two minutes

♡　　　　　　Request a booking

9. 按「Book」確認定房後，會出現需要付的訂金金額（Due Now）、
總額（Total），和你的訂房細節。

10. 下方會出現三步驟的第一步驟：輸入名字（First Name）、姓（Last Name）、郵件（Email）、選擇國籍國旗（依照字母順序，如要選擇台灣，往下滑到T，尋找Taiwan），選完國旗後會自動跑出電話國碼，再自行輸入電話號碼即可（通常輸入手機號碼，可直接輸入0，如09********）。如要收到HomeAway相關更新訊息，可勾選方格口。

下面一個大的文字框，是你希望給房東的訊息，包括你跟誰一起旅行、為什麼要來這個地方等。如果有寫，網站是說比較會允許你的租房要求（紐西蘭租屋網站擁有要不要租給你的權利，不是房子有空位就一定要租給你，所以建議寫一個和善的訊息，可以幫助租屋的順利）。

9.

HomeAway· by bookabach™　≡

Due now	View details	NZ$458.10
Total		NZ$1,508.10

Book with Confidence - only takes 2 minutes!

 Book Soon! Only 28% of Queenstown properties are left for your dates.

Views on York is a lovely home very close to t...

Queenstown Hill, Queenstown, NZ★ ★ ★ ★ ☆ (1)

Arrive 🗓	Depart 🗓
10/02/2020	12/02/2020

Guests 👥
3 guests

10.

Step 1 of 3

Begin your booking

First Name	Last Name

Email

🏴 ⌄	+64 Phone

☐ Check here to get email updates and newsletters from HomeAway. You can unsubscribe anytime.

Include a message for the manager

Let them know who you are traveling with and what brings you to the area.

 To: **MajorDomo**
Speaks: English

Your message... (optional)

Tip: Managers are more likely to approve your request when you include a message. 💡

By clicking 'Continue' you are agreeing to our Terms and Conditions and Privacy Policy.

67

11. 第二步驟最上方顯示可以入住時間、離開時間、還有退訂政策
（這邊寫的是不還款，譬如現在你如果已經付了訂金，卻突然決
定不定了，那麼這筆訂金就不會退還給你）。

　　另外就是房子的一些規則規範，包括如果在你入住期間，房子內
部有任何損害，你必須負責賠償；不可抽菸（No Smoking）、不可
舉辦宴會（No Parties）、不可帶寵物（No Pets）等。另外，房子都
會有個最多可容納人數，紐西蘭非常著重這個點，千萬不要他明
明說只能容納6人，結果你自己以為反正房子夠大，多住幾個人房
東也不會知道，這樣萬一被發現，可能就會比較麻煩。反正紐西
蘭人的規則要遵守，因為他們比較不像我們「靈活變通」，所以
千萬不要心存僥倖。

　　藍色字（Rental Agreement）是更詳盡的租屋約定，有興趣的人可以
點進去看。

　　都確認無誤後，點選方格□，確認你已經知道所有規定並同意遵
守，接著點選「繼續」（Continue）。

12. 第三步驟也是最後一個步驟，就是付錢啦。

　　現在簡單多了，不像我之前有些還得用轉帳，現在直接用信用
卡就可以了。Billing Address帳單地址寫台灣英文翻譯的地址即可
（Postal Code郵遞區號）。填寫完畢，按「Send Request」送出請
求。

P.S. 相關網站資訊、操作介面隨時可能更新。

11.

Step 2 of 3

Review Rules & Policies

Check-in : 3:00 PM　　**Check-out :** 10:00 AM

Manager's Cancellation Policy
Canceled bookings will not receive a refund.

Damage Policy
You will be responsible for any damage to the rental property caused by you or your party during your stay.

House Rules

✕　**No parties/events**

✕　**No smoking**

✕　**No pets**

✓　**Suitable for children**

Max. occupancy: 6 (6 Adults)

Comply with the Terms & Conditions, the Guest Rules, and any other terms and conditions agreed between us

▤　Rental Agreement

☐　I have read and agree to comply with all rental policies and terms.

Continue

12.

Step 3 of 3

Enter payment information

✓　We use secure transmission

✓　We protect your personal information

🔒　Card number

VISA　●●

Exp. Month ⌄　/　Exp. Year ⌄

Security code　❓

Where's my security code?

First Name
Mei

Last Name
Wei

Billing address

Street

Country
New Zealand ⌄

City

State ⌄

↑圖片來源：引自Bookabach網站／手機操作介面

（三）住宿相關網站

建議還是要交叉選擇房源，才能找到最適合自己的住宿。

1. 各大旅館代定網站：Booking.com、Hotels.com等，優點是有免費取消的選項，可信用卡付款。
2. Airbnb。
3. Holidayhouses.co.nz紐西蘭當地房子出租網站，量較多。
4. Bookabach.co.nz也是紐西蘭當地網站，有較多價格較貴的優質民宿。我當時訂的時候還沒和HomeAway合作，每間都有個好聽的名字，如Bird Nests、Peach House等，現在網站都改版了，和一般訂房網站相似，好處是用信用卡付帳即可，不像之前，大部分還是要用銀行轉帳。

四、租車

要自駕，就要有車。雖然是右駕，其實熟悉一下就好了。建議可以先去沖繩練一下，哈。再來就是看網路影片，可以找一下有關右駕情境或規則預先熟悉（Omega租車確認信件裡有提供中文版安全駕駛影片連結）。

租車一般來講有國際品牌Herz、Avis、Alamo、Budget等；華人經營的有VIP華人公司；紐西蘭當地租車公司則有Omega、Lucy。建議大家一開始找租車，可以先到rentalcars.com做比價，了解行情，再依自己需求選取。如果要避免事故理賠糾紛等問題，當然大公司會比較有保障；如果怕溝通不良，想要華人服務，就選華人公司；而我則是選擇最經濟實惠、最多網友介紹的Omega。

　　另外車愈小當然愈便宜，當你是一家子人去旅遊，則租車價格自然會提高。租車要便宜的原則一樣是愈早定愈便宜。我本來就一直追蹤Omega 7人座選項，結果某一天，它價格突然飆高，我只好忍痛用一樣的價錢，但變成只能定5人座（建議至少三個月前定）。但偶爾還是要回去巡一下，像我後來出發前一個月又看到較便宜的價錢，馬上取消再預定！只能說，它們的價格真的很浮動，所以對策就是：先早定，偶爾檢查看看有沒有更便宜的價錢，如果有更便宜的選項，寫email過去取消，再重新預定即可。（像我後來取消再預定，省了台幣六千多元。）

　　結果人算還是不如天算，到了那邊，雖然5人座很新，但後座放兩個汽車安全座墊，中間再擠一人實在太小，最後還是得臨時加約紐幣11元，換成7人座。只能說汽車這種需要花很多時間在上面的，得要坐得舒服才行，千萬不能滿腦子只想著省錢，不然光是小孩在那邊吵、坐得不舒服、東西又沒地方放，就「火花起了」（台語）。

(一) Omega租車

1. 介面

取車點、還車點、優惠碼。

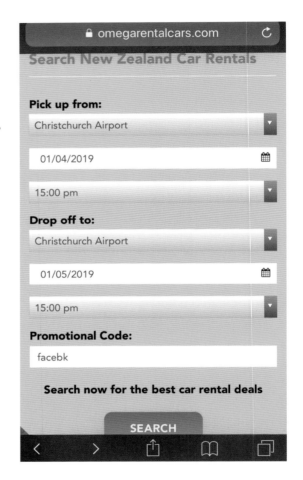

車子資訊：包括幾人座、汽車ＣＣ數、手動自排、ＩＳＯＦＩＸ數（接安全座椅）、油耗率、油箱容量、汽油種類、車子年分等。

MPV

8 Seat MPV 2400cc

BOOK NOW

AVAILABLE

NZ$ **60.54** X 30 DAYS

Save
NZ $1369.80

👥 8　💼 4

- ✔ Drivers must be 21 or over to hire this vehicle
- ✔ Toyota Previa 2400cc
- ✔ Automatic
- ✔ Air conditioning
- ✔ Airbags
- ✔ 2 sets of ISOFIX points and 2 Anchor points for Children's Car Seats
- ✔ All seat belts are shoulder mounted retractable (not lap belts)
- ✔ Fuel consumption - 8 litre/100km (33.75mpg)
- ✔ Tank capacity 70 litre (15 Imp Gallons)
- ✔ Fuel type - Unleaded 91 Octane

2008-2017 Model

NO HIDDEN COST... SPECIAL WEB RATE INCLUDES:
Standard Insurance (excess applies), Unlimited kms & GST (tax).
Insurance waiver options (CDW) are shown on next page.

Read more about our insurance options

73

車子保險種類：金（Gold Cover）、銀（Silver Cover）、銅（Bronze Cover）。

Rental Costs

Daily (Unlimited Kms)	$ 1816.20
Booking fee	$ 3.95
	$ 1820.15

Insurance

GOLD COVER
Zero Insurance Excess

Daily	$15
Total (x30 days)	$450
Insurance Excess	$0

SELECT

SILVER COVER
$400 Insurance Excess

Daily	$12
Total (x30 days)	$360
Insurance Excess	$400

SELECT

BRONZE COVER
$2500 Insurance Excess

Daily	$0
Total (x30 days)	$0
Insurance Excess	$2500

SELECT

Child Seats
兒童座椅：Child
seat（面向前的兒
童座椅，適合12
個月大以上）／
Booster Half seat
（增高墊，4–10
歲）。

　　Accessories其
他裝置：GPS導
航系統／Ski racks
雪架／Snow chains
雪鍊。

Child Seats

1	Child seat - forward facing (12 months+)	$ 0.00
1	Booster half seat (4 years- 10 years)	$ 0.00
		$ 0.00

Accessories

1	GPS satelite navigation system	$ 300.00
1	Ski racks	$ 30.00
1	Snow chains	$ 25.00
		$ 355.00

| | | $ 2175.15 |

Email me this quote

Email address

SEND

NEXT

填寫個人資訊。

Your Details

☐ Repeat Client

☑ Join Our Mailing List

| Email Address * |

| Confirm Email Address * |

| Main Drivers First Name * |

| Main Drivers Last Name * |

| Day Time Phone No * |

| Mobile Phone No |

| Residential Address |

| Country * ▼ |

| Why are you booking ▼ |

| How did you hear about us ▼ |

| Arrival Flight / Time |

| Departure Flight / Time |

| Number of people in your party |

☐ First time driving on the left hand side of the road?

DRIVER 1 ⌄

DRIVER 2 ⌄

COMMENTS/REQUESTS ⌄

☐ Confirm policy acceptance *

(Click here to view the policy)

抵達（Arrival Flight/Time）和起飛（Departure Flight/Time）班機號碼和時間／共幾人／口是否第一次右駕（在道路左邊行駛）／駕駛人資訊（Driver 1；Driver 2）。

How did you hear about us ▼

Arrival Flight / Time

Departure Flight / Time

Number of people in your party

☐ First time driving on the left hand side of the road?

DRIVER 1 ⌃

Mei Wei

26/02/0080

8888888888

Taiwan

DRIVER 2 ⌄

COMMENTS/REQUESTS ⌄

信用卡資訊。

security when hiring a vehicle, provided that Omega's Gold CDW is selected. If Silver or Bronze CDW is selected, a debit card bond is required which may be paid via debit card upon vehicle collection. The bond is NZ$400 where Omega's Silver CDW has been selected, and NZ$2500 if Bronze is selected. If you can supply us with a Credit Card as security, but wish to Pay with a Debit Card no bond is required (as stated above, the credit card holder must be present upon vehicle collection).

Cancellation policy: A cancellation fee of 20% of the total hire will be incurred if the rental is cancelled 24-72 hours prior to pickup, and a fee of 40% of the total hire will be charged in the event of cancellation within 24 hrs or if you fail to collect the car.

CREDIT CARD PAYMENT INFO

Card Number *

Name on Card *

Expiry Date *

Month ▼

Year ▼

Security Code (CCV)

☐ I have read and understand the Terms and Conditions

CONTINUE

VISA MasterCard AMERICAN EXPRESS ● dps payment express

↑圖片來源：引自Omega網站／手機操作介面

2. 選車重點

☆ Fuel Consumption油耗率：紐西蘭油價大約是台灣的兩倍，所以如果是自駕，而且天數長，油耗率即是很重要的參考數值。

☆ 座椅數和安全座椅isofix數。

☆ 行李箱容量大小。

☆ 車子CC數和有無四輪驅動。

3. 額外費用

☆ 保險：Gold（保險公司全部負擔）／Silver（墊底價紐幣40元）／Bronze（只保紐幣2500元以內）。一般大家都是買全險 Gold。

☆ GPS。

☆ 安全座椅（有些公司免費）。

☆ 第二駕駛以上（有些公司第二駕駛免費）。

☆ Snow Chains雪鏈。

☆ Ski Racks雪架。

4. Omega優點

☆ 選車和預定介面精簡。

☆ 第二駕駛不用錢。

☆ 安全座椅不用錢。

☆ 10%優惠碼facebk。

☆ 出發前三天前免費取消（寫email過去即可，我取消時，對方二分
　　鐘就回信確認取消）。

☆ 客服服務非常快速且溝通非常方便。

5. 取車

在確認信函裡會有詳細取車資訊，辦公室營業時間是：7：00am–6：
00pm，但接駁車營業時間是7：00am–5：30pm。從機場發車最晚是5：
00pm，從辦公室發車最晚是5：30pm。

在基督城機場行李帶領完行李，往前走不遠，過一家咖啡廳，會看
到一個公共電話，不用零錢，直接打0800 11 21 21，他會詢問你的訂單號
碼、你的姓氏，確認後告知你到2號門外面等他們的巴士，約五分鐘就
到。

然後你就帶著行李往前直走，快到底前，往左看，會看到2號門。往
外走，直走在中間有個巴士停靠站，在停靠站裡面等待Omega專車前來即
可。

約五分鐘車程後，會到達Omega辦公室，他會拿一堆文件給你簽，
你要準備信用卡刷費用和國際駕照，重點是他還會詢問你有沒有右駕經
驗，如果有，很好，沒有的話，就還得看影片。最後帶你去看車並巡
車，這時記得他給你的文件都要收好，而且如果你對車子有任何問題或
不滿意要提出，如果他有車的話就還可以給你換。我們當時就是臨時決
定車子不夠大要換車，還好還有一台車可以換，雖然不是新車，不過至

少空間不會那麼擁擠。

　　兒童安全座椅最好也要試坐，因為當時我們的大童安全座椅，褲檔那邊太擠了，導致一路上每次要扣安全帶，就要經過一番折騰，只能說一個舒適的安全座椅對長途自駕太重要了！

※如要看坐接駁車的位置地圖，按郵件裡藍色字下面有加線那段即可。

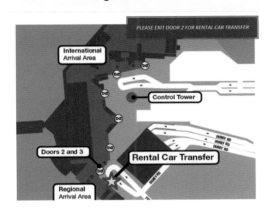

PICK UP INSTRUCTIONS:

Operating hours : 07.30am - 18.00pm
Shuttle service hours: 07.30am - 17.30pm.
Last courtesy shuttle run from the airport to our depot is at 1700hrs and last shuttle from our depot to the airport at 1730hrs.

Once you are ready to be collected, please call our office on 0800 11 21 21 or +64 3 360 2885 and a representative will be sent to collect you in our Omega Shuttle Bus.

You will then be taken to our Airport Depot, 5 minutes away, where you will complete the documentation and uplift your vehicle.

Please note that th e shuttle pick up area at Christchurch Airport has changed (effective 20/8/17), please now leave the terminal via Exit Door 2, TURN RIGHT and you will see the Transfer Station ahead. We will pick you up from there.
Click here to view a map of the shuttle pick up point at Christchurch Airport

Arrivals outside shuttle service hours
17.01pm - 07.29am
Should your arrival be outside of our shuttle
~~service hours arrangements will need to be~~

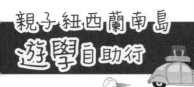

6. 還車

還車時要注意還車時間，如果是上班時間，可以選擇在市區還車或直接開回當初取車地點，會有接駁車送你回機場；但如果不是上班時間，則必須開到Airpark Canterbury還車，把車鑰匙交給那邊的管理人員，再坐上接駁車回機場，而且需額外付紐幣36元。我們臨時決定原還車日的隔天早上快6點再還車，因為事先有打電話詢問Omega，他說如果臨時要更改時間，必須提前3天告知，而且雖然我們隔天早上還，並不到一整天的時間，但一樣要算一整天的租車費用，所以等於我們要付停車費紐幣36元＋一整天租車費用。這個費用他都可以直接從你當初付錢的信用卡扣，所以你都不用再到他們的辦公室。雖然聽起來好像很不划算，但還是這樣做最方便，不然紐西蘭叫大型計程車是很貴的。

Operating hours 07.30am - 18.00pm (last shuttle 17.30pm)

Return the vehicle to our Christchurch Airport office located at 158 Orchard Rd, Mustang Park, Harewood (approx 5 mins from the terminals) where our Omega Shuttle Bus will return you to the Airport or an Airport Motel. **Please note, the last shuttle to the airport is 17:30pm.**

Afterhours Christchurch Airport Drop Off Instructions:

18.01pm - 07.29am (or after 17.30pm if you require the shuttle to the airport).

Please return the vehicle to Airpark Canterbury (17-12 Logistics Drive, Harewood). The key is to be handed to the reception and they offer a 24 hour courtesy shuttle back to the airport. Please allow up to 10 minutes for this transfer. Please note that a $36 parking fee applies for this afterhours service (unless you have paid for this service already at the time of collecting your vehicle).

Snow Chains:
If you are hiring a car during winter snow chains are recommended and may be hired from us at

↑ 還車資訊

所以建議如果比較多人，行李也比較多，搭機時間又是在早上6點左右的話，還是要選當天還車比較方便，先到機場下行李和成員，留1–2人去還車即可。

7. 加油

☆ 基本上觀光地區一定比較貴，鄉村地區會比較便宜，但要小心最好不要等到快沒油了才加，除非你能確定加油站在哪裡，千萬不要為了省幾分錢，結果一直開就是沒有加油站，還得返回開（過來人的痛苦經驗之談……）。

☆ 通常都是加綠色91無鉛汽油，但還是確認比較保險。

☆ 大賣場的收據會有加油折價優惠，但要注意看，不同賣場優惠規定都不同。

☆ 最好白天加油，進去加油站商店裡付費。如果遇到自助、或太晚商店關門，需要用信用卡付費的話，那你得先確認有沒有信用卡四碼付費密碼，不然就悶了。

☆ 大部分加油站都是要自己動手加油，但南部城市，偶爾也會有人幫你加油，此時就輕鬆多了。

※有些網友建議申請AA Smartfuel卡，可以比超市折扣多紐幣0.02元，看個人需求囉，除非你是比較長期居住在當地，要不然為了省一點點錢，卻可能多了一些不方便，於是本人就跳過了。

（二）罰單

約一個月後，我收到一封電子郵件，原本以為是在紐西蘭的超速罰單，但後來又接到一封紐西蘭寄來的紙本罰單，再查網路，才知道這封電子郵件是Omega寫信來告知他們只有付「認罪費」紐幣30元（因為當初有簽文件，所以直接從我們信用卡扣款，算是很方便）。

Hi

Thank you for choosing Omega Rental Cars for your car hire requirements recently within New Zealand.

Unfortunately we have received a traffic infringement notice from the issuing authority, this was incurred by the above vehicle during the dates of your rental car hire.

Infringement Number: speed fine
Registration Number:

Omega Rental Cars Ltd have informed the authority via a written statement/declaration, that you were responsible for the vehicle at the time of the offence and the infringement has been transferred out of Omega Rental Cars Ltd name.

We have today charged your credit card the NZ$30.00 traffic infringement administration fee as detailed under the hirer's liability clause on your rental agreement.

The fine has not been paid by Omega, you

　　而這封真正的官方罰單，對我們來說，最簡易付費方式就是用信用卡網上付費。

首先到信上有提到的www.police.govt.nz/pay，並按下藍色背景字「with a credit or debit card online」。

NEW ZEALAND POLICE
Ngā Pirihimana o Aotearoa

Menu

About us　|　Māori and Police　|　Major events　|　Jobs

Search 🔍

Christchurch attacks - contact numbers and video updates

Pay an infringement fee or ticket

How to pay

With a credit or debit card online

By online banking

Send a cheque in the mail

Pay at any NZ branch of Westpac bank

Pay the full fee

Please pay the full fee - instalments and part payments are not accepted. Part paid fees will be returned and the

到下頁後，按下紅色背景字下面的「pay from overseas」。

NEW ZEALAND
POLICE
Ngā Pirihimana o Aotearoa

Menu

About us | Māori and Police | Major events | Jobs

Search

Christchurch attacks - contact numbers and video updates

Pay with a credit or debit card online

How to pay

Pay by credit or debit card now

Guidelines

1. Pay with a Visa or MasterCard credit or debit card.
2. This service is provided by Westpac who charges a convenience fee of 1.9 percent for this service. New Zealand Police does not receive any part of this fee.
3. If you are using a credit or debit card outside of New Zealand any currency conversion will be done according to the terms and conditions of the card. There may be currency conversion or other fees charged by your card issuer.

- **About us**
- **Infringement Services**
- **Payments**

Pay an infringement fee or ticket

Pay with a credit card online

Pay from overseas

Pay by internet banking

Send a cheque in the mail

Pay in person at Westpac bank

到下頁後再按藍色背景字「Pay by credit card now」。

Pay from overseas

How to pay

Pay by credit card now

Send a bank cheque

Guidelines

1. The amount field on the cheque should be written in New Zealand dollars for the amount of the infringement fee.
2. Make the cheque payable to New Zealand Police.
3. Send the cheque and the notice remittance advice to:

接下來要輸入你的Notice Number，就在信件右上方，得要輸入兩次，
再來輸入英文名（都大寫），最後罰款數字，寫完按continue繼續。

You are paying a Police Infringement Notice

* Indicates a mandatory field

Notice Number	●●●●●●●	* view samples

* Notice number is hidden to enable accurate reconfirmation below.

Re-type Notice Number   *

Full Name on Notice   *

Payment Amount NZD\$ 80   *
(You must pay the full fee)

In addition to your payment a <u>convenience fee</u>
of 1.9% is charged by our
bank Westpac New Zealand Limited. This is
calculated on the next screen.

Cancel and return to Police website   Continue

這頁將顯示費用總額（包括1.9%服務費），確認後，按小方框，最後再輸入信用卡資訊，輸入完畢後按Submit送出。

　　建議罰單還是要繳，有些人可能想說再也不會回去了，但誰知道呢？如果有天你必須去，卻不能入境，不就悔不當初？

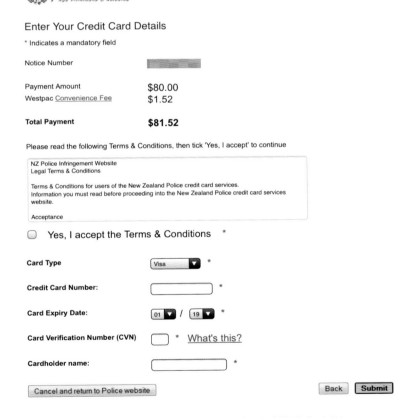

↑圖片來源：引自NZ Police網站／手機操作介面

91

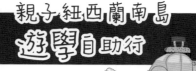

五、國際駕照

出國前要記得準備國際駕照（台灣駕照也要帶喔），至少有6個月效期以上比較安全。

（一）申請國際駕照需準備的東西

1. 身分證正本（若為委託辦理，代辦人需帶雙證件）。
2. 駕照正本。
3. 護照（非必要，可自行提供護照上英譯名即可）。
4. 一件／人：台幣250元（最好再多帶台幣200元）。
5. 二張2吋大頭照。

大部分國家準備國際駕照即可，但日本則需準備日譯本。

（二）幾項紐西蘭駕車重點

1. 基本上就是做任何動作前就是「看右邊」、「看右邊」，過馬路先看右邊，開車要轉彎也是先看右邊。
2. 紐西蘭很多圓環，一樣進入圓環前先看右邊，要注意來車速度，如果速度很快或是繁忙的圓環，千萬要預留多一點距離，不然常

常你剛進去圓環，速度沒有很快，結果右方來車一下子就快撞上來了。

3. 圓環打方向燈也是一門學問，OTS有比較詳盡中文版圓環打燈解釋。https://www.otsinternational.nz/otsrentacar/cn/rule/traffic/

4. 在Omega租車確認信函後段，會有附上中文版Youtube安全駕駛技巧可以進入觀看，租租車網站也有視頻和文字解說。
http://www.zuzuche.com/guide/10095/

5. 超速罰款是以累進式計算：
超速 1–10公里/小時，罰款30紐西蘭元；
超速11–15公里/小時，罰款80紐西蘭元；
超速16–20公里/小時，罰款120紐西蘭元；
超速21–25公里/小時，罰款170紐西蘭元；
超速26–30公里/小時，罰款230紐西蘭元；
超速31–35公里/小時，罰款300紐西蘭元；
超速36–40公里/小時，罰款400紐西蘭元；
超速41–45公里/小時，罰款510紐西蘭元；
超速46–50公里/小時，罰款630紐西蘭元。

6. 紐西蘭大部分是單線道，若遇二線道，因為是右駕，右道為超車道，一般駕駛應保持左車道，有網友因此被開罰單，需注意。

7. 因為大部分是單線道，尤其在鄉間，千萬不要為了看風景而左顧右盼慢慢開，這時非常有可能超車的人會回過頭來給你一個眼神、或直接給你一個不雅手勢（還好我們只是接收到「眼神」）。這就是為什麼偶爾路上會有交通牌子告訴你，如果你發

現你造成了塞車，請一定要開到路邊讓其他車先行。

8. 每次進入一個鎮時，就會有速限標示，要馬上降速，一出鎮，就可以回到原速。

9. 很多窄的橋樑，需降速，注意由哪方先行。

10. 現在紐西蘭有很多施工區域，有時有牌子顯示；有時是人工轉牌子告訴你要停還是要走，要記得降速，注意指示。

六、電話卡＋上網卡

　　現代人手機上網已密不可分，尤其是出國，除非為了省錢，只用住宿地方或公用免費wifi（其實有些民宿並不提供免費wifi），要不然讓手機網路吃到飽，是想隨時隨地打卡記錄或查資料等的必備。（雖然有些人會覺得紐西蘭南島很多偏僻地方都收不到訊號，又或者是都到了室外桃源，為什麼要被網路綁住，盯著手機呢？這時就見人見智？看個人意願了）

　　大部分網友會推薦在當地機場購買Spark或Vodafone的sim卡，大約紐幣20元或以上，但都有流量限制，超過還要儲值（而且大部分都不能熱點分享），重點是「要排隊」（在出境前購買比較便宜喔），好處是有當地號碼。

　　所以本人為了避免要受流量限制、儲值和排隊的麻煩，但在紐西蘭最好又要有一個當地號碼（一般吃到飽無提供號碼和語音通話或簡

訊），以供小孩學校或住宿聯繫，最後在為了顧全兩人分開也可聯絡對方和經濟考量，我和隊友共分享：二張15日吃到飽（其實本來買的是另一張，但那張現在沒在賣，換賣另一張，好像更好，還有帶號碼）＋一張30天上網12Ｇ（本來以為有電話號碼，結果竟是只能在歐盟使用，紐西蘭不能用！真是烏龍）。

　　基本上上網就熱點分享上網吃到飽那張，以避免另外12Ｇ那張用光（但實際上本人30天12G根本用不完。很滿意這張，除了比較山區沒訊號外，大部分都流暢）。

　　☆ 紐澳上網15日吃到飽SIM卡

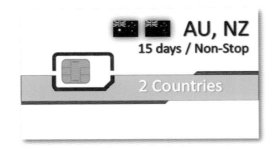

紐澳上網卡15天吃到飽 - 帶號碼

NT$790

可使用寶幣折抵，最高可折抵全額NT$ 790

★ ★ ★ ★ ★　60 則評論　　發表評論

↑圖片來源：翔翼通訊網站

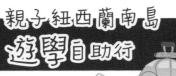
☆ 紐澳上網卡30天12GB＋免費通話AUSNZ309G

【SIM卡】紐澳上網卡

↑圖片來源：SIMple上網寶網站

　　不建議用wifi分享機，因為要多帶一個機器，訊號通常不穩定，網速也比較慢，而且團員分開時怎麼辦？

☆ VODAFONE紐西蘭上網SIM卡（可宅配到府，於KLOOK購買）
　　這張算是時間夠長、又有當地號碼、又可熱點分享，還可前30天使用特定APP不用算流量，唯一缺點就是流量用完即斷，而且如果萬一必須跟其他人分開，並且需要聯絡時怎麼辦呢？可能另外一個人需要買個便宜的卡以備不時之需來解決囉！

4GB 上網預付卡

NT$ 1,338 ~~1,488~~

- 流量：總流量4GB，用完即斷網
- 有效期：60日
- 200則簡訊
- 200分鐘國際通話（可撥打紐西蘭、台灣、泰國、荷蘭、香港、新加坡、馬來西亞、澳洲、加拿大、中國大陸、法國、印度、印尼、愛爾蘭、日本、南非、韓國、英國、美國）
- 贈送以下APP 啟用後30天內流量不計：Facebook, Instagram, Twitter, Messenger, WhatsApp, Viber, Pinterest, Snapchat
- 可分享熱點功能
- 卡片設計同時支持NANO，MICRO，NORMAL SIM，無需剪卡
- **請注意:** 不限流量方案僅適用於以上所述的 **APP**，但不包含透過該 **APP** 展示的外部影音網站內容。例：若使用熱點分享網路給其他裝置者、該裝置在 **WhatsApp** 中撥放連結自 **Youtube** 的影片，則會計入方案的上網用量中

↑圖片來源：KLOOK網站

　　結論就是：商人很厲害，不管怎麼買好像就是沒有便宜又十全十美的解決方案，所以就個人斟酌，並依自己情況需求購買。

　　小便士：另外一個最懶、最方便，但可能是最貴的方法（除非您不大用網路），就是直接開漫遊搭配當地免費wifi囉！

※購買網站：翔翼通訊（持特定信用卡打9折）／SIMple上網寶／KLOOK。

七、主要活動預定

　　紐西蘭有非常多活動可以參與。皇后鎮的Kawarau Bridge更是笨豬跳Bungee Jumping的發源地。舉凡空中飛的：高空跳傘、滑翔翼（hang gliding）、滑翔傘（paragliding）、高空鞦韆（swing）、滑索（zipline）；水上飄的：噴射快艇（jetboat）、激流湧進（whitewater rafting）、黑水漂（blackwater rafting）；地上走的：滑板車（luge）、冰川健行、登山徒步、滑雪、還有其他攀岩、水上滑翔傘、山地車運動等，應有盡有，讓喜歡挑戰刺激的旅人能盡情揮灑。但……這時就出現一個小問題，帶著孩子怎麼玩呢？？？

　　除非你有強大的團隊幫你顧小孩，且你的同伴和小孩非常願意陪伴你，或做別的事情等你，要不然，要脫身參加這些活動可真是奢侈啊，只能靜待日後小孩大點再回來參加了。

　　因此可以參與的活動則需要闔家適宜。包括蒸汽船、火車、觀景船、螢火蟲洞等。如果是確定要參加的、且怕旺季可能沒有票，則建議先事先預定，也比較可能可以買到優惠票。其他不確定是否參加、或不怕會客滿的，則可到當地再視情況決定。

　　我們這次行程先事先預定的有螢火蟲洞和米佛峽灣觀景船，一般都是透過當地較大的公司Real Journey訂購。我們一次訂兩個活動，在官網上訂購，第二個較便宜的活動就可以打8折，也是不無小補。

另外一個定活動方法，則是找當地台灣人Sherry訂票，舉凡租車、火車票、各種活動票卷、住宿等，她都可以代定。可以說是省麻煩或不諳英文人的首選！（Facebook搜尋：跟著Sherry玩翻紐西蘭）

定活動網站：

1. 最便宜優惠網站Bookme：建議愈早定愈好！可以到Bookme紐西蘭當地網站，點選deal map，就會出現各地各個活動的折扣（冰船、螢火蟲洞、米佛峽灣等都有），非常優惠喔！只是會受到日期和時間的限制。另外很多入門票，像基督城的南極中心等都有販售，最慢要前一天購票，餐廳也可以在這個網站找到優惠。

2. 中文介面網站Klook：有中文，雖然價錢可能沒有Bookme那麼優惠，但因為是中文，可以看到比較詳盡的介紹，皇后鎮的電影場景魔戒半日遊等都可以在這裡選購。連網路sim卡也可以在這裡買，還可以線上諮詢，算是很方便。

3. Real Journey：我們就是從這個網站定我們的唯二事先預訂的活動：螢火蟲洞和米佛峽灣船，這個公司所提供的優惠是第二個活動可以打8折。

99

八、其他細項

　　要帶的東西包羅萬象，再加上有小孩，東西更是加倍。所以消耗品可以自己先帶一點點，再到當地購買喜歡的。但如果怕用不習慣，就要從家裡帶足夠的量去。以下列出幾樣我覺得要帶的東西：

（一）旅行方面

1. 隔熱靜電貼（非常重要！！！因為太陽很大！國外租賃車大都沒有貼隔熱紙，所以一定要自備，而且一定要選貼的住的，最好是吸盤加貼的，雙管齊下，並且多買幾組）。
2. 車充（其他充電器大家自己就記得帶囉，包括手機、相機、行動電源等）。
3. 行車記錄器（可當風景記錄，更重要的是萬一發生事故可以調出來看）。
4. 手機架（用於車子，方便導航，雖然應該是有人會幫忙看路，但主駕駛也是可以再次確認，會比較安心，因為有時那個負責看路的人也是偶爾會看錯的：p）。
5. 車用掛勾（車上空間不大，非常需要這類掛勾，可以掛垃圾袋、媽媽包、小孩東西等）。

6. 轉換插頭（建議多帶幾個，因為要充手機、相機電池、充電電池……天啊，有太多東西要充了）。

7. 雨衣（如要健走（但我懷疑帶小孩如何健走），或搭船（有時船會帶你去淋瀑布），或……）。

8. 防曬（紐西蘭的太陽很大，如果是夏天去，更要帶妥防曬用品，包括帽子、太陽眼鏡、防曬油等，至於陽傘，ㄜˇ，忙著顧小孩，應該是沒有手撐陽傘吧）。

9. 外套（夏天也是要帶有厚度的外套，因為早晚溫差大，山上、螢火蟲洞裡也比較冷；如果是冬天去就更不用說，羽絨大衣就要準備了，而且南島又比北島更冷）。

10. 枕頭套、床單和被套（如果是定Holiday Houses，有些房子需要另外加錢才會提供床單等（一個人約紐幣25元），所以如果要省錢，建議自己帶去（或帶睡袋），但要確認床型就是了，寧可帶大，不可帶小）。

11. 保冷袋＋冰磚（因為要自己開伙，在環島自駕行時，難免會有沒有吃完的生鮮，建議可以多帶，平常出門也可以用於帶小孩需要保冷的食品）。

12. 筷子（如果不習慣刀叉的話，就要自己準備喔）。

13. 煮菜調味品（如果想要自己煮菜，雖然那邊華人超市可能都有賣，但價位一定比較貴，可以自己帶譬如味增調味包、義大利麵醬包、咖哩包、乾紫菜等，可以省很多錢喔）。

14. 專業望遠鏡（紐西蘭有很多時候可以用到望遠鏡，譬如遊船看企鵝時、還有夜晚看星空時等等）。

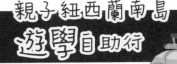

15. 專業相機（要事先學習如何照星空，不然就會像我們，半夜2：00去照星空，結果敗興而返……）。

16. 輕薄環保袋（因為超市不提供一次性垃圾袋，所以一定要多帶幾個環保袋，不管裝食品、小孩用品等都很方便）。

（二）小孩方面

小孩部分大家就依個人狀況準備，僅提供本人精簡的打包參考。

1. 奶瓶。

2. 奶粉。

3. 尿布。

4. 備用藥品。

5. 防蚊液。

6. 泳褲。

7. 雨衣。

8. 帽子＋太陽眼鏡。

9. 小孩馬桶座＋外出攜帶式便座。

10. 水壺（學校和平常都會需要）。

11. 牙刷＋牙膏。

12. 小孩餐具＋食物剪刀。

13. 小孩用沐浴乳＋乳液（可帶一點，當地再補貨）。

14. 衣服＋內褲＋襪子＋鞋子（夏季還是需要備妥一兩套長袖、輕薄羽絨衣和外套）。

15. 畫筆＋畫冊＋簡單玩具（避免只用3C，雖然餐廳偶爾會提供畫筆畫紙，自己還是備用一些平常可以吸引小孩讓小孩靜下來的遊戲比較妥當）。

16. 簡單零食（補貨當地買就好，但其實當地的進口糖果零食很貴，所以小孩如果有偏好的糖果，還是從台灣帶去比較便宜）。

P.S. 其實帶小小孩長途旅行自駕遊最大的挑戰，不外乎就是在車上這段時間。如果小小孩睡覺，那是謝天謝地。如果不呢？除了聽故事、聽兒歌、吃零食、玩遊戲等，最後還有一個殺手鐧，那就是IPad等類似產品，雖然對小孩眼睛不好，但如果小小孩根本不扣安全帶，大哭大鬧，那就寸步難行、欲哭無淚了。

Chapter 3

基督城深度遊

　　基督城是我們這次短期遊學所選擇的城市，不僅因為是南島第一大城，又稱「花園城市」，最重要的是我的好姊妹Jennifer就住在這裡啦！以下就分幾個部分來好好介紹一下基督城喔！

一、基督城吃

（一）餐廳推薦

1. 蓬萊小館

　　我們落地的第一餐。在長途飛行的疲憊後，吃頓中國菜，超棒的！所有的菜都好吃，特別是烤鴨！

2. 川廚小館

　　川菜館。有水煮魚等，想吃辣的可以來這間。

3. Cameron

　　日式家庭小館。適合小朋友，有兒童餐的餐廳。餐點有咖哩、烏龍麵等。

4. Hello Vietnam越南菜

5. The Old Vicarage（就在我們住的民宿附近）

幸運的話可以訂到First Table（打五折），餐點好吃豐盛。

http://www.theoldvicarage.co.nz/

（二）超市推薦

紐西蘭超市需自備提袋，不然可以購買塑膠袋。除了大型超市營業時間較晚，其他小型商店要注意營業時間，會早一點關門喔！

1. 中國超市

三商超市：走進三商超市往最裡面走，隱藏著基督城最便宜的紀念品店。舉凡蜂蜜、綿羊油、保健食品等，都可在此找到（基督城有兩家，只有Churchcorner Mall那家有賣紀念品）。

2. 韓國超市

　　Kosco：在「蓬萊小館」餐廳後方停車場旁。是一間東西非常多的韓國超市，有販賣各式亞洲零食、糖果、泡麵等。

3. 紐西蘭超市

（1）　New World：可免費申辦NW會員卡集點享優惠（也可以直接申辦Tourist Card，就不用填寫資料）。

（2）　Pak'n Save：較便宜的超市，但生鮮品質可能沒有NW來的好，但如果要買其他生活用品或餅乾類，可在此購買，TINTAM巧克力在這裡也買的到，很多mall裡也有這間超市。

（3）Raeward：專賣蔬菜、水
　　　果、肉類等。

（4）Countdown：也是一間連鎖
　　　超市。

　　個人覺得乾淨度是New World最乾
淨，Countdown中間，但是Pak'n Save
最便宜。

↑ Raeward

（三）其他食品商店

1. 肉店

（1）Halswell Butchery & Delicatessen（我們住的民宿附近）。

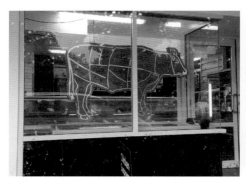

↑煎出來的成果，好吃！

（2）**小全肉店**（在三商超市旁）。

（3）**韓國東大門肉店。**

2. 海鮮店

Fresco Fisheries

住址：Church Corner Shopping Mall, Upper Riccarton

電話：03 348 1299

3. 蔬菜店

（1）**Growers Direct Market**

　　　住址：28 Yaldhurst Rd, Riccarton, Christchurch

（2）**The Funky Pumpkin**

　　　住址：290c Colombo St, Sydenham, Christchurch

（四）大型商場推薦

1. **Westfield Mall** 位於Riccarton，就在「蓬萊小館」餐廳附近。

2. **Hub Horny Mall** 比較平價商場，裡面有Pak'n Save。

3. **Dress Smart** 大型暢貨中心。

4. **The Tannery** 非常有藝術感的商場，裡面有好吃的餐廳和特別的小店，Bellbird Bakery 的可頌非常有名，一定要來這裡逛逛。

5. **Tower Junction** 。

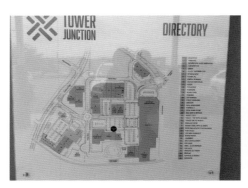

↑ Tower Junction商場平面圖　　　↑ 服飾店

↓收納店

↑嬰兒用品店

↓玩具店（但感覺沒有比較便宜）

　　Paper Free太好逛，有小孩的人，或喜愛藝術方面的人一定會愛上這間。裡面有太多打折童書，非常划算喔。二樓販賣美術用品，一樓右方是郵局，非常特別。

二、基督城玩

（一）基督城市中心

　　市中心其實不大，走路就可以逛，坐電車也可以遊覽，很多站都會停。但可以逛的東西太多，還是得分好幾天，以下就分享一些我們去的景點照片喔！

　　下面這張地圖裡面清楚標示所有市中心的景點，如果可以的話，先去 i-site 索取，或直接看這張啦，哈！

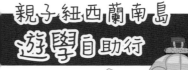

1. Cathedral Square教堂廣場

　　我們去的那天剛好有市集（網路上說只有星期五11：00-21：00有），除了販賣當地的一些手工藝品、還有很多吃的。買了個蝦子河粉，個人覺得很好吃，非常香。

↑大教堂後方的裝置藝術

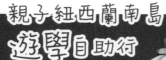

2. 雅芳河畔

坐電車會經過這裡，有很多人坐在樓梯上休憩。河的對面大部分是餐廳，可以坐在外面，有些還有二樓，我想晚上坐在二樓外面應該很有氣氛吧（一個帶著二個小孩的媽幻想中……）。

3. New Regent St.新攝政街

　　很有西班牙風情的街，賣很多紀念品，也有餐廳，復古電車也會從這條街穿過，滿有特色，但還是要下來走才能仔細逛，其實就選間想吃的店，坐在外面看著電車穿過，也是一種體驗喔！

↑ 教堂對面裝置藝術

4. Cardboard Cathedral紙教堂

　　這是為了替代因地震而不知道什麼時候才能修復的大教堂而興建的。離市中心算是比較遠（其實離大教堂也就300公尺），教堂後方有185張白色椅子，代表的就是185位地震受難者，我們當時沒看到，因為還以為在大教堂那邊……

P.S. 廁所在教堂外面左後方，不是很容易辨識，但非常乾淨。教堂內部也有販賣紀念品和羊毛衣。

5. Bridge of Remembrance追憶橋

　　沿著雅芳河會看到一座橋，橋的一邊有一個宏偉的拱門，這座橋其實就是為了紀念在第一次大戰犧牲的紐西蘭士兵。而拱門的對面就是最熱鬧的街，這條街上有免稅商店DF，可以參考一下，也有很多商場入口，很容易錯過，要仔細看喔！

　　每個商場入口，進去後都別有洞天，有吃的、有服裝、有紀念品、有書局，不要錯過喔！

6. Ballyntine百齡譚百貨

　　基督城最古老、最奢侈的百貨公司（折扣季有非常好的優惠）。

貼心提醒：很多人都會擔心市中心會不會不好停車，其實一點也不會，只要捨得花錢。例如大教堂後面就有停車場，較外圍也非常多付費停車場。我的建議是停停車場比停路邊方便。因為停路邊會受時間限制，停停車場就不用擔心還要回來投錢，或是只能停一段時間而已。

↓市中心外圍有很多牆壁彩繪

☆ **市區其他推薦景點**

Christchurch Art Center基督城藝術中心。

Christchurch Art Gallery基督城現代藝術館。

（二）其他景點推薦

1. 植物園Botanic Garden

裡面有小孩遊戲場、咖啡廳、玫瑰園等，需要很多時間才能逛完。可以參加tour，或購買四合一套票，搭乘遊園車還有導覽。

2. 海格利公園 Hagley Park

市中心最大的綠地，每年春天是賞櫻的最佳季節。

3. 坎特伯里博物館 Canterbery Museum

　　就在植物園的一角，逛累了可以來博物館，博物館四樓有咖啡廳，角落有小孩遊戲區，大人可在這休息喝杯咖啡，讓小孩在遊戲區裡玩，看看植物園的景色。

4. Punting雅芳河乘船

　　從博物館出來往右走約200公尺，可看到綠色小屋，這裡就是乘船點，也可租腳踏車。可直接單買船票或買套票。只是當場買就要看時段還有沒有位置，我們當時就在這裡買了三合一套票，只等了約30分鐘。

P.S. 建議買三合一套票紐幣75元，包含乘船、纜車、電車（五歲以下小孩不用錢），或四合一，加遊植物園導覽車。

5. Ricarton House and Bush里卡頓房子和灌木叢林

　　星期六有Farmers' Market 9：00am-1：00pm，販賣新鮮蔬果、熟食和飲品等，可以買東西坐在河邊野餐，交易以現金為主，入口處還設有一行動ATM。主要建築咖啡館旁有一個小門，可以進去散步，可謂都市裡的叢林。

↑紐西蘭有名的銀魚蛋餅

↑都市叢林的入口，推薦！

6. Gondola纜車

可以登高眺望基督城，還有時光列車介紹基督城歷史，四樓有咖啡廳和觀景臺、三樓有餐廳、一樓則有豐富的紀念品可以逛逛。

↑ 咖啡廳外面的觀景臺

↓→要坐纜車回去時看到旁邊有個樓梯可以往外走，我猜這是可以走下山的步道

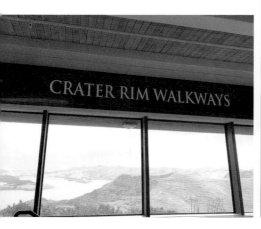

←↑ 時光機

↓ 個人覺得這邊紀念品店的東西滿多樣化的

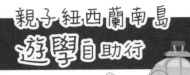

7. City Tram市區復古纜車

　　市區著名景點幾乎都有停車點，而我們就是在坎特伯里博物館前面的乘車點上車繞了市區一圈，因為有買套票，所以上車後只要給車掌檢查，就算沒事先買，上車後也可以直接購票。

　　就在這條路的左邊往前，有一條街道，當時沒進去看，好像是專賣藝術類、手工藝品的一條街。

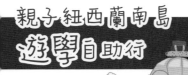

←要在這個標誌下等車喔！

8. Sign of the Takahe塔卡黑古堡

　　是南島唯二之一的古堡。之前曾經經營餐廳，現在已無經營，不對外開放。古堡是一棟非常漂亮建築，融合不同建築風格，可由旁邊入口進入，可看到古堡正門和花園，照相起來非常好看。

9. Mona Vale夢娜維爾花園

位於市中心，一個美而精緻的
花園，雅芬河貫穿其中，有別墅、
陽光屋、玫瑰園、荷花池等，是個
非常夢幻、適合拍照的好地方，公
園可以開進來免費停車喔（應該是
吧，我們是停外面，走進來後才發
現有停車場，哈）！

10. 海灘

☆ **New Brighton Beach紐布萊頓海灘**
較大眾的海灘，有小孩戲水區。

☆ **Sumner Bay薩姆納海灣**
位於New Brighton Beach的另一邊，有步道可以走。可爬到大岩石
上拍照。這裡有時還會舉辦風箏節和音樂節。

↓Fish and Chip炸魚薯條來紐西蘭必吃

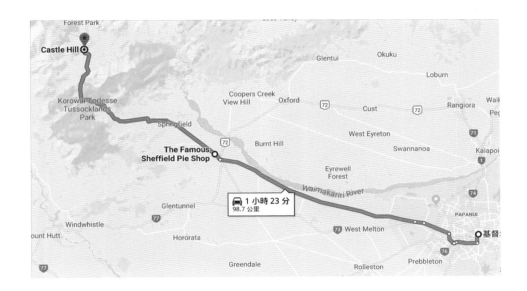

三、基督城周邊特色景點

（一）Castle Hill城堡山

　　有一大片的岩石群，如果沒有太陽的話，小朋友會非常適合在這裡爬岩石遊玩，可以玩上好一陣子。

145

☆ **Sheffield Pie Shop謝菲爾派店**

沿途會經過Sheffield & Springfield。兩個地方都有在賣派。我們去的是Sheffield的Sheffield Pies，還有賣Donuts and Cream Donuts，可進去吃看看。

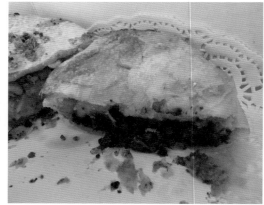

（二）Waipara懷帕拉

　　有Weka Pass Railway，可坐11：30am火車到Waikari，回程可坐1：00pm。到了Waikari，可在商店逛逛、喝杯咖啡。但要注意營業日，大部分是只有星期日，需上官網查詢確認。

↑沿途的葡萄園　　　　↓在這裡停站，休息1小時

151

↑小鎮風光

→商店鬆餅

（三）Lyttelton利特爾頓

　　一個海港，有很多特色小店，包括有機食品店、餐廳、小孩子東西的店等，非常值得一逛。周六也有市集，販賣蔬果等商品。

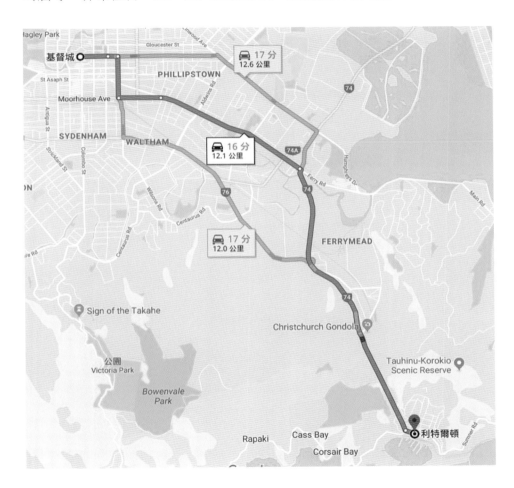

155

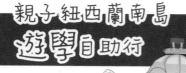

☆ **Fisherman's Warf望**
　海的餐廳

視野很棒，魚肉
也很新鮮，可
以點烤的Fish &
Chips。

（四）Governors Bay總督灣

　　從Lyttelton開車前往Governors Bay這條濱海道路非常美麗，沿途有方便停車的地點時，可下車拍照。

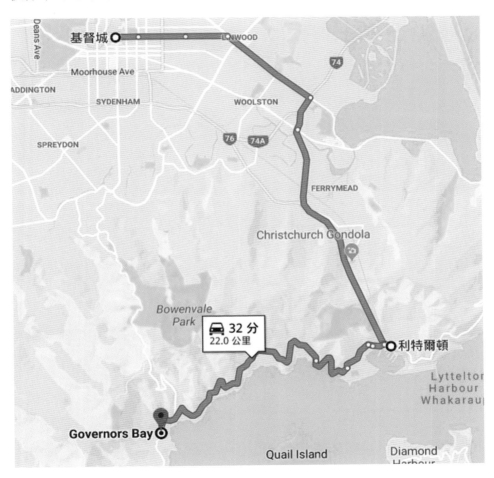

↑ 咖啡廳視野

☆ **She Universe巧克力專賣店**

號稱販賣紐西蘭最好喝的熱巧克力，巧克力做成的湯匙非常特別，視野一望無際，很多人在這也點薯條，店裡有販賣巧克力產品。喝完巧克力，可從旁邊街道往海邊走，有兩個遊戲場可供小孩遊玩。

（五）法國小鎮Akaroa阿卡羅拉

　　有小法國之稱，距離基督城開車1.5小時，非常推薦可以來這裡住上一、二晚，不僅有漂亮民宿可以選擇、還有很多活動可以參加，小鎮上也有很多商店和餐廳可以慢慢逛。

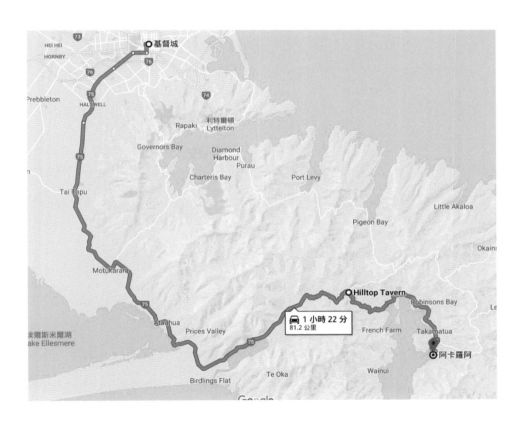

　　在郵輪上船處，再往前走，可以看到這個餐車（在鎮上有實體店面，賣一樣的東西，但這邊不用等那麼久），還可以選擇魚的種類，用煎的還是炸的哦！

165

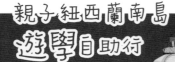

　　燈塔要入門票喔，大人紐幣2.5元，小孩紐幣0.5元，會有專人解
說，不過只有星期日和郵輪入港日11：00am-2：00pm有營業（郵輪
常常都有入港就是了）。

↑有名的法國餐廳Ma Maison

↑太陽很大，要做好防曬

↑小鎮上也有遊戲場

↑這個歌手的嗓音非常有磁性，坐在這裡喝杯調酒，看著窗外，聽著老歌，真是一大享受

↑小朋友光是丟石頭，就可以玩很久

☆ **Hilltop Tavern西式餐廳**

回程建議如果剛好是傍晚的話，可以在這個餐廳稍做停留，有pizza等各式西餐，有時還有現場音樂演奏，重點是有個居高臨下的視野，可以俯瞰Akaroa。

※www.visitakaroa.com有很多Akaroa旅遊資訊和商店資訊，可以在上面訂活動票卷和定餐廳（有時會有優惠）。

活動有獨木舟（Kayaking）、帆船（Sailing Cruises）、看海豚（Dolphins/Harbour Nature Cruises）、騎單車（Bicyclette ebiking）、和世界最小的、最少見的海豚共游（Ecoseakers Swimming with Dolphins Akaroa）、直立板（Stand up Paddle Boards用站的方式在水中划槳）等。

其他建議景點：Little River小河流小鎮

從基督城到Akaroa路上，會經過一個小鎮，當時沒下去逛，但看起來有很多藝品店，也有咖啡廳，如果想中途休息的話，也可以下來走走。

四、適合小朋友的景點

（一）採莓趣

紐西蘭不同季節可以採不同水果，我們去時剛好是紅莓、藍莓季。

1. Bluberry Bliss

採藍莓的好地方。以公斤算，但近來已經禁止邊採邊吃，小朋友非常喜歡採，也喜歡吃，尤其是冰淇淋。

2. Pataka Berries

這間的紅莓冰淇淋是我覺得最好吃的，來的時候還有賣果醬、新鮮紅蘿蔔等。

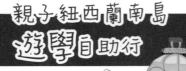

3. Otahuna Berries

　　新鮮紅莓真的好甜，很好吃，跟台灣吃到的冷凍的完全不一樣。也是大吃特吃，到現在還會懷念那個味道。

P.S. 這裡的冰淇淋都很大，小孩可以點Kid's Cone，就是小一點的size，大人也可以點，店員還會問你要搭Yogurt還是冰淇淋，我是點Yogurt，可能熱量比較少，但都可以試試看啦！

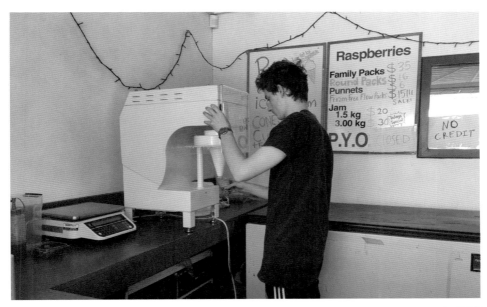

175

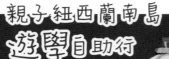

☆ **The Rasberry Café**

　　Otahuna果園旁經營著一間很漂亮的庭園咖啡，在這裡享受下午茶非常愜意。

（二）Willowbank Zoo動物園

　　Willowbank Zoo位於機場旁，是基督城兩個動物園中規模較小，但卻擁有較多紐西蘭本土動物（另一個動物園是Orana Wildlife Zoo，比較像一般動物園，有獅子等大型動物），並可讓小朋友近距離接近動物。在購票處可購買餵魚、餵農場動物、餵鳥等的飼料。園裡還提供野餐區，有座位，可自行攜帶午餐在園裡野餐。裡面還可以看到紐西蘭國鳥奇異鳥，但須在暗的地方，並且保持安靜，對小朋友來說是很好的體驗。

177

↑野餐的地方

←回收裝魚飼料
的盒子

↑紀念品店

（三）國際南極體驗中心

　　是個非常適合全家的景點。有各式體驗活動可以讓你更了解南極的生活，包括穿雪衣體驗零下18度C的溫度、撫摸愛斯基摩犬、企鵝秀、高清電影、全地形兩棲地形車等。營業時間9am–5：30pm。

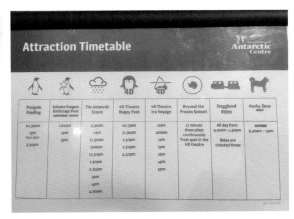

↑活動時間表

↓工作人員還幫我們寫好時間，讓我們知道先去哪裡

↑企鵝餵食秀

↑全地形兩棲南極車—Hagglund非常刺激，要滿3歲才能參加。需提前排隊喔！

（四）圖書館

1. Halswell社區圖書館

　　這間剛好就在我們住的民宿旁邊，非常新穎，還有游泳戲水池，周末也會有些適合兒童的活動。裡面有非常多童書，可以帶小孩來這裡看書。

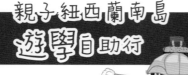

借書、還書都是自己動手來，這個還書機器，把書放上去就會自動告訴你要放右邊或左邊。而且借書的機器不用一個一個掃描，一次全部放上去，機器就會感應，在螢幕上告訴你你借了什麼書，確認後把書單就會列印出來，非常方便。

↑ 還書機器

2. Turanga基督城市立圖書館

基督城最新的市立圖書館，二樓幾乎都是屬於小朋友的區域，不僅有很多童書，還有樂高遊戲區、溜滑梯區、觸碰式遊戲、大屏幕電腦遊戲等，而且大教堂就在旁邊，逛市區逛累了，家長可以帶小朋友來這裡讀書玩樂高，並在二樓買咖啡，吃點心稍作休息。

（五）遊戲場和公園

1. Magaret Mahey Playground

位於市中心，是一個新的Playground，
有很高的溜滑梯、跳跳床等。

2. Halswell Domain

Halswell Domain就在我們住的民宿旁，除了一般遊戲器材外，還有繩索，最特別的是每個周日有蒸氣小火車，坐一次紐幣2元，看起來像玩具，但事實上卻是真的用蒸氣發動的小火車，大人小孩都能坐，還會穿過森林、過山洞、過橋等，非常適合小朋友，會想一坐再坐。

3. Haswell Quarry Park礦石山

上下山約45分鐘，適合全家爬山。下山處還有幾處大草坪可以跑跳，小孩會很喜歡。

189

4. Botanic Garden Playground

位於植物園裡，還有戲水池。

5. Cashmere Playground

位於Victoria Park山腳下，對面有販賣Real Fruit Icecream，生意非常好。

6. Bishopdale Playground

一個旁邊有圍欄的公園，所以家長不用擔心小朋友會跑出去。而且有很多樹蔭，就算大太陽也不怕。

7. Victoria Park Playground

Victoria Park位於Cashmere Hill上，大概是基督城最高的遊戲場吧，可遠眺基督城風景，較多登山客，還有一片大草原可供小朋友玩耍。

（六）其他推薦

1. **Air Force Museum航空博物館**：可以了解紐西蘭軍事航空歷史，不用門票，但部分活動需收費。
2. **Ferrymead Heritage Park**：有電車、火車、舊商店等，是一個可以讓遊客體驗舊基督城居民生活的地方。
3. **Ferrymead Golf**：有室內和室外迷你高爾夫。

4. **Clip'n Climb**：提供小孩攀岩，小小孩也有課程可以上，可上官網
查詢。

5. **Flipoit**：超大型跳跳床場地，比較適合大小孩，但也有規劃一區專
門給小小朋友，還有課程可以參加，但須提早上網預訂。

Chapter 4

南島環島行

一、前言

　　因為帶了兩個小小孩，所以除了遊學在基督城住了十二天，環島遊時也盡量每個地方住兩天（除了Invercargill因弗卡吉爾只有住一天），雖然會造成有些路程重複，但至少可以避免每天搬運行李，而且每兩天可以晚起，不須每天早起趕check-out。

　　最後一天有點尷尬，因為是早班飛機，所以如果為了省錢，其實是可以開夜車直奔機場，但晚上開車實在很危險，所以我們還是選擇先回基督城睡一晚，整理行李，隔天一早去搭機。

　　另外因為本人真的很想看紐西蘭的最南點，但其實很多人會捨去，因為會繞比較遠，但南方風景真的不一樣，尤其是從因弗卡吉爾到但尼丁這段路，更可以顯現紐西蘭原始風景。

特卡波湖

Franz Josef Glacier
福克斯冰河
Fox Glacier

艾士伯頓
Ashburton

阿卡羅阿
Akaroa

阿斯帕林山
國家公園
Mount
Aspiring
National Park

Twizel

Geraldine

蒂馬魯
Timaru

Lake Wanaka Centre

Cardrona

皇后鎮

南島
South Island

🚗 22 小時 57 分
1,739 公里

蒂阿瑙

峽灣國家公園
Fiordland
National Park

高爾
Gore

但尼丁

Balclutha

Kaka Point

英物卡吉爾

Catlins
Forest Park

Owaka

布拉夫

Oban

行程

日期 2018年	地點	公里數（直達大約公里數） /開車時間（直達大約時間）
1/15–2/2	Christchurch基督城	
2/2	Christchurch基督城 →Lake Tekapo蒂卡波湖	228公里/2時53分
2/2–2/4	Lake Tekapo蒂卡波湖 →Lake Wanaka瓦納卡湖	200公里/2時21分
2/4–2/6	Lake Wanaka瓦納卡湖 →Queenstown皇后鎮	69公里/1時7分
2/6–2/8	Queenstown皇后鎮 →Te Anau蒂阿瑙	171公里/2時8分
2/8–2/10	Te Anau蒂阿瑙 →Invercargill因弗卡吉爾	159公里/1時53分
2/10–2/11	Invercargill因弗卡吉爾 →Dunedin但尼丁	205公里/2時33分
2/11–2/13	Dunedin但尼丁 →Christchurch基督城	362公里/4時40分
2/13–2/14	Christchurch基督城	搭早班飛機

二、Lake Tekapo蒂卡波湖

Lake Tekapo住宿兩晚

 第一天

10：00am　從基督城出發

一路驅車前進蒂卡波湖，路上會經過幾個小鎮（Ashburton→Geraldin →Fairlie），建議可以停下來休息逛逛，但我們怕小孩在車上坐不住，所以直奔Lake Tekapo。

199

1：30pm　　**到達住宿處煮飯吃飯**

3：45pm　　**到Mt. John Observatory約翰山天文臺＋Astro Café天文咖啡館**

入場費一台車紐幣8元，有車輛管制，如果車輛太多需排隊等候入場。下午5：30後禁止入場。一定要去的景點，山上有360度環湖視野，可以在Astro Café點杯咖啡好好享受絕美風景並拍下牛奶藍的湖水，小朋友可以在山坡上草皮玩上很久。

5：00pm　下山

可以慢慢開，居高望下的景色非常優美。

5：15pm　The Church of the Good Shepherd善良的綿羊人教堂＋河邊 玩水＋Collie Sheepdog牧羊犬雕像

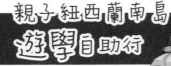

蒂卡波湖和這個教堂是絕配！走進這個教堂，恍如與世隔絕一般，給人非常神聖的感覺，是來南島的必遊！很多人晚上會來這裡照教堂和星空，我們也來了，只是準備沒充分，沒照成功，扼腕！

牧羊犬雕像是為了紀念牧羊犬對這個地方的貢獻。

6：30pm　Four Square超市＋旁邊遊戲場

是蒂卡波湖小鎮上唯一的一間超市，好處是為了因應很多背包客和遊客，超市裡有很多熟食的選擇，不用擔心沒東西吃，只是生意非常好，也是要怕東西都被買光。

　　超市後面臨湖邊，有一個遊戲場非常好玩，小朋友可以在那邊花上很多時間，有兩個滑索，靠近超市這個會比較安全，大人坐也比較不會屁股著地。再過去一點還有好玩的圓形盪鞦韆等。

7：30pm　家裡煮飯吃飯

2：00am　半夜到善良的牧羊人教堂照相

　　照相失敗（一定要事先練過照星光，不然只能看著別人喀擦、喀擦，自己鏡頭卻只是黑黑一片……）。

☆ **其他景點**

蒂卡波湖這裡就一條熱鬧的街，街上有紀念品店和少許餐廳、咖啡廳。

日本餐廳Yohan是一間大家推薦的餐廳，餐廳就在湖邊，可以眺望湖景。

 第二天

10：30am　出發至庫克山

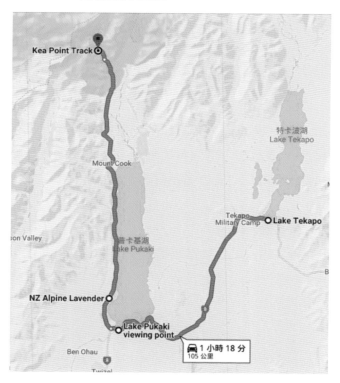

11：05am　Lake Pukaki Viewing Point普凱基湖觀景點

　　其實本來是要去Alpine Salmon Farm高山鮭魚養殖場，但先經過這裡，發現很多車，就停下來，一個美麗的錯誤。新鮮鮭魚100g 紐幣10元。擁有絕好視野，可以一邊享受甜美鮭魚、一邊拍照、一邊看風景。有個彎角山羊的雕像。

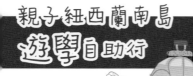

11：45am   Alpine Lavender Farm
高山薰衣草農場

　　有販賣薰衣草相關產品，像精油、香包、乳液等。還有很好吃的冰棒和薰衣草口味冰淇淋。入園票須要紐幣5元，可向賣冰淇淋的工作人員購票。

12：25pm　Peter's Lookout彼得斯觀景點

　　快到庫克山時，可以看到路邊有很多人停下拍照，我們當然也很興奮的下車和這等美景合照。

207

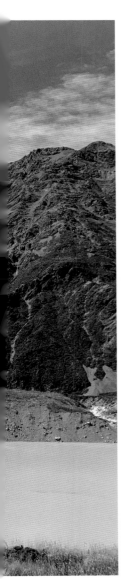

2：00pm　開始走Kea Point Track啄羊鸚鵡步道健行

　　入口處在Hooker Valley胡克峽谷露營地，往最高峰的方向（在停車場入口處左後方）。

　　小小孩也可以走（最好小孩自己願意走，要不然……大人會很累），只是有些路還是有點崎嶇，大人還是得非常小心。另外如果有太陽，一定要做好防曬準備，要帶水。

　　據說走到底可以看到Kea啄羊鸚鵡，但我們只有走到步行30分鐘的中點觀景臺就已經快不行了。

209

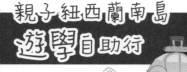

3：45pm　從庫克山離開

庫克山和約翰山天文臺一樣都被列為「國際黑暗天空保護區」，建議可以的話，在這裡住上一晚，如果天氣好，晚上還可以看星星。（庫克山最著名的是隱士飯店，但絕對要非常早訂，不然根本訂不到，我猜至少兩年前就要先預訂了，哈！但就算不能在這裡住上一晚，也是可以在飯店喝杯咖啡，看看庫克山的風景過過癮啦！）

5：00pm　超市採購

在家吃完飯後，晚上去超市旁遊戲場玩滑索、溜滑梯和盪鞦韆。

建議可以玩到夕陽西下，剛好可以看看金黃色的Lake Tekapo。

☆ **其他推薦行程**

1. 前往Lake Tekapo路上，會經過幾個小鎮：Ashburton艾士伯頓，Geraldin杰拉丁和Fairlie費爾利。Ashburton有一個台灣人開的Farmers Corner，販賣各式紀念品，是台灣之光，還有Salmon World鮭魚世界，外面有個大鮭魚雕像，裡面有展示廳和餐廳。杰拉丁小鎮有一個杰拉丁古董車與機械博物館Geraldine Vintage Car and Machinery Museum、Barker's of Geraldine販售本地最著名的巴克斯果園Barkers Fruits產品（超市有賣他們的果汁，超好喝）、Talbot Forest Cheeze起士店有賣好吃的起士冰淇淋、還有古色古香的The Old Library Café & Bar老圖書館咖啡Bar，可以試看看；Farilie則是有Fairlie Bakehouse，有網友推薦這裡的派很好吃。

2. 天文臺觀星之旅是在晚上，雖然是依太陽下山時間來決定觀星時間，但帶小孩實在有點麻煩，如果沒有帶小孩就強烈推薦喔，因為有解說畢竟會比較清楚，而且天文臺是這裡的最高點，觀星應該會更無光害更清楚。

3. Alpine Springs露天溫泉：雖然只是湖水加熱，但如果沒有小孩的話，還是可以來邊泡溫泉，邊欣賞風景。
   http://www.alpinesprings.co.nz/。

4. 庫克山的其他推薦步道：Tasman Glacier View（15分鐘），Blue Lakes（10分鐘）& Tasman Lakes and Rivers（25分鐘）。

5. 強烈推薦直升機看冰河的行程，但有點貴，約台幣一萬元左右，而且萬一天氣不好，就會停飛。

6. Tasman Glacier Explorer塔斯曼冰河探險是坐小船遊冰河，小孩須滿5歲才能參加。

211

三、Lake Wanaka 瓦納卡湖

Lake Wanaka住宿兩晚

　　Wanaka是一個非常成熟的景點，比蒂卡波湖熱鬧多了。鎮上有各式各樣異國料理，不怕沒有東西吃。也有很多水上活動、高空跳傘、獨木舟等活動。

📷 第一天

10：15am　從蒂卡波湖出發

11：30am　經過 Lindis Pass林迪斯隘口

一個公路上的拍照景點，有觀景臺。

12：40pm　經過Lavender Farm薰衣草農場

離Lake Wanaka很近，有多餘時間可以進去逛逛，入園費紐幣2元。

1：00pm　到達住宿處煮飯吃飯

3：00pm　出發至Puzzling World動腦世界

大廳有很多桌子上面有益智玩具，當天我們去時看到很多外國老人在那用頭腦、喝東西，是消磨時間的好地方。

紀念品東西很多，有很多益智玩具、拼圖、書籍等，連食品部販賣的巧克力瑪芬都很好吃，一不小心可能會買很多喔。

建議走迷宮時如有太陽，要做好防曬，因為不是想出來就出的來的。另外開始走迷宮時，要記錄時間，才知道你花了多久時間走完。如有小小孩，一定要抓好，以免走失找不到了。萬一真的走不出來，直接找EXIT，在中間，我們最後剩下一個塔沒找到，也是直接放棄，從EXIT出來。要去廁所看看喔！

213

我們買的票是Combo Deals（The Great Maze偉大迷宮＋Illusion Rooms 迷幻世界）。

Admission*	The Great Maze ❶	Illusion Rooms ❷	Combo Deals ❶+❷
Adult	$18.00	$18.00	$22.50
Child 5-15 years (under 5 free)	$14.00	$14.00	$16.00
Family Pass** 2 adults + 2 children			$69.00

Annual Pass***
When once a year just isn't enough we offer PUZZPORTS - 12 months of Puzzling World entry for one great price!
To purchase, click here (ADULT) or click here (CHILD).

Adult	$55.00
Child 5-15 years	$39.00

↑圖片來源：Puzzling World官網

↑迷宮，要找到四個角落高塔

5：30pm　去看Lone Tree of Lake Wanaka瓦納卡孤樹

很多人會帶著專業相機在不同時間、不同角度拍照來抓取孤樹的美。

下午雖然太陽高照，但可能是有樹蔭的關係，沙灘上有涼蔭，也很適合小孩遊玩。入口處右邊可以看到遊戲場，傍晚沒有太陽時也可帶小孩來這裡遊玩。

Glendhu Bay Track沿著湖有一個步道，有空的話也可以走走看。

6：15pm　到New World超市補充物
品回家煮飯

 第二天

3：45pm　從家裡出發，經過
Lake Hawea Lookout哈威亞湖觀景
點：停車拍照。
Lake Wanaka Lookout瓦納卡湖觀景
點：Lake Hawea和Lake Wanaka 兩個湖合
稱雙子湖。

216

　　Boundary Creek picnic & campsite邊界灣野餐和露營區：一個可以露營和野餐的地方，就在湖邊。

　　Makarora Country Café瑪卡羅拉鄉村咖啡廳：旁邊有一大群羊，可以很近距離和羊群拍照，Café還有販賣冰淇淋。

　　Makarora瑪卡羅拉：小鎮可以加油，加油站再往前一點，有公用廁所，Blue Pool藍湖那邊沒有公共廁所，建議在這邊先行使用。

5：00pm　到達Blue Pool Track藍湖步道

　　位於Aspiring National Park阿斯帕林山國家公園，這個公園都是大樹，腹地廣大，非常值得花多一點時間來這裡呼吸芬多精。

　　藍湖步道只需30分鐘就可走完。一路上都有樹蔭，非常涼爽舒服，會經過兩個吊橋，第一條吊橋限10人通行，第二條吊橋限20人，在進入第

二條吊橋前，可以從旁邊小道走進沙灘。

　　藍湖的水很冰，很清澈，很多外國人會直接跳進去游泳，也有人在湖邊堆起石頭陣。但這邊有很多沙蠅（sandfly）！要噴防沙蠅的噴霧喔（紐西蘭超市就有在賣）！喜歡玩水的朋友也可以自備裝備，來這裡玩水喔！

5：40pm　離開公園
回程下車拍照。

7：00pm　回家吃飯
8：30pm　到鎮中心Dinosaur Park
　　　　　　恐龍公園遊玩

　　位於湖邊，有恐龍造型溜滑梯非常可愛，只是溜不快，小朋友很快玩膩，但有爬繩登高等其他器材，適合較大朋友遊玩，這個時段剛好可以看夕陽。

※建議這個時段也可以再去看一次Wanaka Tree，旁邊也有遊戲場。

☆ **其他景點**

1. **Clay Cliffs石灰岩峭壁**：從Lake Tekapo往Wanaka的路上會經過Clay Cliffs，有點像台灣的月世界，但是彎進去需要30分鐘，因為怕路程太遠，小孩坐不住，所以我們就沒有彎進去了。

2. **Mt. Iron熨斗山**：最有名的是Roys Peak Track羅伊峰步行道，來回約16公里，走路須花6–7小時，最高點景色非常美麗，只是帶著小孩，根本是Mission Impossible不可能的任務。

   • Diamond Lake Trekking，來回3.5小時。

   • Iron Mountain Trail（Loop Trail），來回1.5小時。

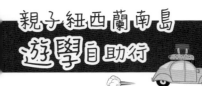
3. **Rippon Vineyard瑞本酒莊**：紐西蘭最古老的酒莊，有無敵湖景，旅遊季時還有美食，提供免費品酒，但如果沒有要買，還是不要品，免得會被……建議如要用餐，要先打電話查詢並預定。

4. **Mou Waho Island Cruise & Nature Walk湖心島觀光遊船和生態步道**：搭船到Wanaka湖中的一個小島，走路遊島，並由專人解說島上生態。約3.5–4小時，可在下面網址查詢更多資訊：
https://www.ecowanaka.co.nz/lake-wanaka-cruise-island-nature-walk/

5. **Fox Glacier福克斯冰河**：從Wanaka到Fox Glacier約3小時半，距離有點遠，但附近還有一個鏡湖Lake Metheson馬瑟森湖，也是這次想去沒去到的地方。湖邊有Kairaumati Walk步道可以環湖，約1.5小時。

6. **Makarora Bush Nature Walk瑪卡羅拉森林步道**：Makarora瑪卡羅拉小鎮有個Makarora Bush Nature Walk瑪卡羅拉森林步道，有時間也可以去走走。

四、Queenstown皇后鎮

Queenstown 住宿兩晚

 第一天

10：00am　出發

在往皇后鎮的路上，有一條路會經過著名的「胸罩牆」，路上還會經過Cardrona Valley、Cardrona Hotel（紐西蘭最古老的旅店）、Cardrona Hall。但因為這條路會比較危險，一邊是山、一邊是海，所以我們最後選擇了平路。

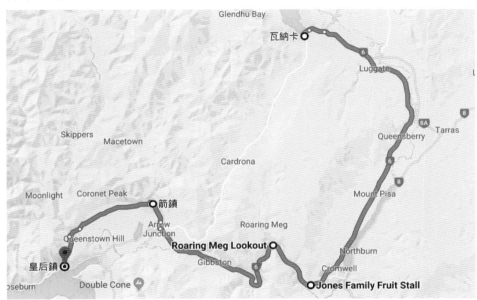

221

一路上有一些販賣當地工藝品的店家，Cromwell鎮內也有非常多水果店和酒莊，有興趣的話，可以多花點時間慢慢逛。

Cromwell克倫威爾

11：00am Miss Jone's Fruit Stalk喬恩小姐的水果量販店

網路上很多人推薦這間，本來想說水果店有什麼特別，結果發現真的很不錯。裡面有試吃桌，有各式各樣水果，小朋友很喜歡，但要避開觀光團，不然他們會說一樣水果只能試吃一次。裡面有販賣新鮮水果、蔬菜、還有水果乾、營養品等。我強烈建議可以買很多水果和蔬菜，因為比超市便宜，而且比較新鮮好吃，我之後非常後悔沒有買很多。店裡還有賣新鮮水果製成的冰淇淋，店外還有玫瑰園，是一個可以待上好一陣子的地方。

12：30pm Roaring Met Lookout咆嘯梅格觀景點

正如其名，這邊水勢磅礴，非常震撼。

1：10pm　Arrow Town箭鎮

箭鎮因魔戒有在這裡取景而聞名。這是一個可愛的小鎮，不大，主要就一條街，街上賣一些藝品、羊毛、紀念品，也有餐廳等。小鎮上有郵局、小博物館等，都可以徒步拿著地圖把這些小景點走一走。四月底還有金秋節，整個箭鎮就像被灑了金粉似，無數喜愛照相的遊客都被吸引而來，鎮上也會有許多慶祝活動。（有免費停車場）

☆ **Arrow Town Bakery & Pie箭鎮麵包店和派店**

看了網路介紹這間Pie滿好吃的，結果是不錯，只是沒有偏愛吃派的我們，並沒有覺得驚豔。這間店其實分兩個入口，在路旁邊的是賣一般輕食，要走到街口（右邊），才是專門賣派的。左邊外面有個小廣場，可以露天吃東西，廣場旁也有一些藝品店可以逛逛。

3：00pm　離開箭鎮

3：30pm　到達皇后鎮民宿煮飯吃飯

Queenstown皇后鎮

5：00pm　出發去坐Skyline纜車＋Luge滑車

纜車登高望遠，可以眺望皇后鎮的景色。其實也有步道可以爬上山和下山，只不過我們帶著小孩，所以……

有很多外國人帶著腳踏車上纜車，想必是要騎下山，享受這絕美風景。

坐纜車上去之後，往坐Luge方向會看到有小型Excavator挖土機，可投錢進去操作，小朋友非常喜歡。

另外往Luge是從Excavator那邊往前，而且是往下走，然後選安全帽。坐Luge必須戴安全帽，安全帽有分尺寸，最小的是黃色，女生大人是藍色，男生大人是綠色。

要坐Loop，還必須搭一個開放式纜車上山，有點危險，要抱緊小朋友，大人上下車也要很靈活，因為纜車並不會等你，而且速度有點快。

Luge比較平的路段，千萬不要速度太慢，不然會停下來，然後就造成塞車。這時看是叫後面的人撞你一下，還是你左右左右搖擺，用腳推地上。反正重點是不要太慢、不要停下、不然要弄很久……（一個被嚴重塞車的人的經驗之談）

建議選在快傍晚時候來，夏天很涼爽，而且也不會曬。

　　我們現場購票，選擇的是Gondola＋2 Luge Rides。（雖然賣票人員一直說2 Luge Rides太少，但事實證明對我們家的小小孩來說是剛好而已）

Individual Tickets

Click here for Family packages

	Adult	Child*
Gondola Only		
Gondola	$39	$24
Gondola + Luge		
Gondola + 2 Luge Rides	$55	$41
Gondola + 3 Luge Rides	$57	$45
Gondola + 5 Luge Rides	$60	$50
SPECIAL: Gondola + 6 Luge Rides	$63	$52

Family Tickets

Click here for Individual tickets

	Family of 4	Family of 5
Gondola Only		
Gondola	$113	$135
Gondola + Luge		
Gondola + 2 Luge Rides	$173	$210
Gondola + 3 Luge Rides	$179	$218
Gondola + 5 Luge Rides	$187	$230

↑家庭票（2大＋2小或2大＋3小）
圖片來源：Skyline Queenstown官網

※纜車入口處旁有一個Kiwi Birdlife Park，有時間也可以進去逛逛。

↓搭乘這個簡易纜車去坐luge

8：30pm　來排Ferberger漢堡

其實有共三家店，一家賣漢堡、一家賣糕點麵包類、一家賣Gelato冰淇淋。

你需要先排隊點餐，點完餐後，等他叫號拿漢堡，點餐處牆上有螢幕顯示叫號（拿到漢堡約45分鐘）。建議這段時間，可以一個人排，其他人去旁邊逛逛、或者去超市買必須品，隔壁的Gelato冰淇淋超級推薦，非常綿密濃稠。

9：30pm　超市買菜

有Four Square超市，因為快關門了，結果居然雞蛋賣完了！所以趕緊到斜對面亞洲超市購買。提醒必須食品，像蛋要提早買，不然在熱門觀光景點可能晚一點就會被搶光，另外如要儲備亞洲食品，這間亞洲超市即可購買。

📷 **第二天**

今天重點擺在Glenorchy格萊諾基，很多人說這段去Glenorchy路是天堂之路，紐西蘭最美公路，所以當然就要來這裡。而且這裡也是電影魔戒取景之點，又叫「魔戒小鎮」。不過如果可以的話，其實我會參加從皇后鎮出發的團，搭乘四輪驅動大巴士，回程坐噴射快艇，這樣也不用自己開車，而且還有導遊詳細介紹魔戒取景點和其他景點，會比較深層認識Glenorchy這個小鎮。

10：00am　出發
10：30am　到達Bennetts Bluff Lookout本奈斷崖觀景臺

去Glenorchy的路上，會經過這個拍照景點。

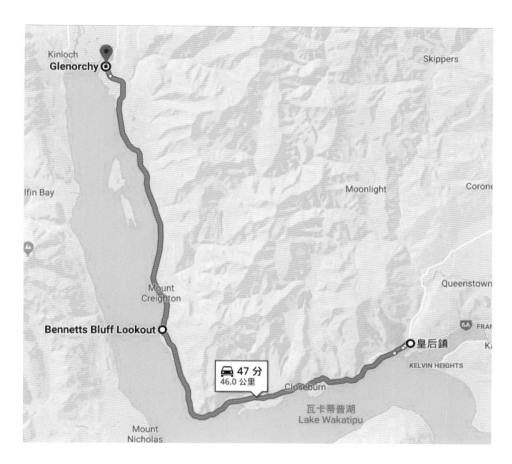

11：00am　到達Glenorchy

　　一個很小的小鎮，鎮上沒有什麼店，有零星賣活動的店面、一間中式吃麵吃水餃的餐廳、一間Glenorchy Café（有些活動團會來這裡吃，餐廳外有上廁所地方），和一間最接近湖邊的咖啡廳。咖啡廳還提供地圖和問路協助。

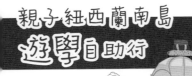

　　有一個穀倉、幾顆水上小樹，和一個狹長的沙灘，算是很好拍照。小朋友也可以在沙灘上玩。還有一片大草地，有樹蔭，小朋友也可以玩上一陣子。

重點提醒：

1. Glenorchy的活動都要提前預訂，不然旺季是定不到的。推薦四輪驅動車、騎馬或汽艇。

2. 其實再往前開，還有一個地方叫「Paradise」天堂，但因為是碎石路，怕路況不好所以沒去。看網路說是一個比較荒涼，但有原始美的地方，很像世外桃源。

3. 附近還有一個Diamond Lake鑽石湖，我們也沒去，其實有時間的話都可以開去看看。

4. 參加四輪驅動大巴士的行程也會帶你到Paradise和Diamond Lake喔！

1：00pm　離開Glenorchy

2：00pm　回到民宿煮飯吃飯

3：30pm　出發參加4：30pm皇后鎮蒸汽船TSS Earnslaw Vintage Steamship＋瓦特峰高地牧場Walter Peak High Country Farm

事先網上買票（我們搭船前一天才在網上購買），會先帶你繞牧場，定點並提供飼料讓你餵食牧場動物，有美麗諾羊等。

有些是搭配自助餐，如果沒有自助餐會提供下午茶，下午茶供應是在餵完牧場動物後，剪羊毛前。有趕羊秀和剪毛秀，注意選座位，不然有太陽的話會很曬，建議坐面向舞臺的右邊。

蒸汽船上有鋼琴演奏，還可以近距離看到蒸汽機器運作。

如果是出太陽的話，走在牧場會非常熱，而且是一段不算短的時間，防曬一定要做好。

　　下船處從一棟建築物裡面往街道方向走，可以看到一間Minus Five冰吧，裡面裝潢是用冰塊做成的。有提供雪衣，在Bookme網站可以買到便宜票。有機會可以體驗看看在零下五度C喝調酒的感覺，用冰塊做的杯子，喝完還可以打破喔！

7：00pm　回家煮飯吃飯

☆ **其他建議景點**

1. 箭鎮附近

（1）Gibbston Valley Wines吉伯斯頓酒莊。

（2）Kawarau Gorge Suspension Bridge高空彈跳發源地。

2. 往Glenorchy路上

（1）Moke Lake莫克湖。

（2）Wilson Bay威爾遜灣。

3. 皇后鎮

（1） Onsen Hot Pool（溫泉）：在皇后鎮郊區，有接駁車，獨立房間湯，提供簡單按摩和茶點。5歲以上小朋友才能進去，而且不滿11歲要下午5點前去。這個行程應該只適合情侶來吧。

（2） 皇后鎮周六市集。

五、Te Anau蒂阿瑙

Te Anau住宿兩晚

蒂阿瑙也是一個很小的小鎮，位於米佛峽灣國家公園的入口，所以大部分人會在這裡住上一晚參加米佛峽灣遊船並參觀螢火蟲洞，有興趣的話，也有過夜遊船可以參加喔！小鎮上有個南方禮品中心販賣紀念品等，有網友推薦，但個人覺得還是基督城三商超市裡的禮品店最便宜！小鎮周六也有市集。

 第一天

10：30am　從皇后鎮出發前往Te Anau

10：45am　先在U Plus Asian Supermarket亞洲超市補小孩零食

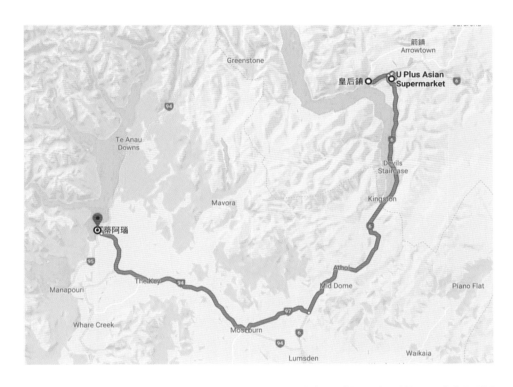

　　這是間在皇后鎮機場旁的亞洲超市，感覺是韓國人開的，零食選擇沒有很多。

1：00pm　因為提早到，先到住宿旁
　　　　　一個小遊戲場玩
2：20pm　到FreshChoice超市買菜

235

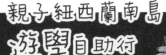

3：00pm　Check in，煮菜吃飯，趁在煮飯時，小孩到Real Journey斜對面公園玩，公園旁有個公廁，但需要付費

5：30pm　Kepler Track凱普勒步道

原本預定5：30pm看營火蟲，但當初網路上買票時，以為小孩免費，所以沒有登記小孩的人數，結果客滿沒有位子。還好隔天晚上有位子。結果空出來的時間，臨時增加了這個行程。我們選了Dock Bay這個步道，需要30分鐘，但因為小孩不走，所以我們用推車推，結果也是很累。不過一路上都是在大樹裡面，有很多芬多精，算是這次南島之旅裡面走最長的一次森林浴。一路上只有零星的外國背包客，非常清幽。到達Dock Bay時，也是像包場似的，整個沙灘只有我們五個人，伴著快要下山雲彩和水上幾隻小鴨，有如遠離塵世般⋯⋯（但事實上，好像走不只30分鐘⋯⋯）。

7：20pm　拖著疲憊身心回家煮飯吃飯

↑最磅礡的景色

 第二天

7：30am　出發至Milford Sound National Park米佛峽灣國家公園

路上遇到警察臨檢檢查是否有扣安全帶，尤其是小孩。

　　過了一個很長的隧道後（Hommer Tunnel），一出來就會被兩邊的瀑布震撼（這個隧道有交通管制，須等20分鐘左右），這大概是這次旅程裡最磅礡的景色了，但因為下著雨，所以看不清楚，但也多了一份朦朧之美。

10：00am　到達Milford Sound停車場搭乘接駁車去遊客中心

我們報名的是Real Journey公司11：00am的船，有分Nature Cruise和
Scenic Cruise，我們搭乘的是Nature Cruise。會帶你看海獅、企鵝，還會帶
你去淋瀑布，聽說淋到水會幸運，所以我還是有故意讓它淋一下。當天
我們只有帶雨傘，但也可以帶雨衣啦！

米佛峽灣一天之內天氣可以變化多端，大部分時間下雨機率較大，
我們去的時候就有下雨，遊船到一半就放晴，但回程時就又下雨了。

船上有免費咖啡和熱可可，但快到岸時就會收起來。要帶望遠鏡。

3：30pm 　　回到民宿煮飯吃飯休息

7：30pm 　　出發去Real Journey等坐8：30pm Glowworm Cave螢火蟲洞
　　　　　　的接駁船

　　在等坐船時，可以在旁邊沙灘上遊玩，因為已經是傍晚，剛好可以
看到晚上的天空，雲彩變化多端，非常愜意。

　　參加的是最晚的團，坐船時天已經暗了，好處是不會曬太陽（聽說
有很多沙蚊，但不知是不是因為是晚上，沒有感覺到有沙蠅）。到了目
的地，會先將遊客分組，有些先聽解說，然後馬上進去洞穴；有些先看
影片，再聽解說，輪批進去看螢火蟲。

　　因為會要求絕對安靜，所以很緊張，因為怕小孩吵。

　　看螢火蟲時要坐小船，也是絕對安靜，而且絕對黑暗，倒也沒有看
到很多螢火蟲，不過整個暗黑的經驗，也是非常特別。

☆ **其他推薦行程**

1. **Te Anau Wildlife Bird Sanctuary蒂阿瑙野生鳥類保護園區**

   免費，就在小鎮上。裡面有全世界只剩下300多隻的Takahē南秧雞，最好在餵食時間來訪會比較看得到。

   夏季餵食導覽時間：10月1日–3月31日，9：30AM

   冬季餵食導覽時間：4月1日–9月30日，10：30AM

2. **Doubtful Sound可疑峽灣過夜船**

   雖然大家都是去米佛峽灣，但如果想在船上過夜，可以選擇Doubtful Sound可疑峽灣過夜船。聽說其實紐西蘭本地人更喜歡可疑峽灣的風景呢！

另外從Te Anau到Milford Sound會經過幾個景點，但其實有些景點我們沒有下去，因為當天天氣有點不好，提供給各位參考：Te Anau→Lake Mistletoe→Ellington Valley→Mirror Lake→Homer Tunnel→The Chasm。

六、Invercargill因弗卡吉爾

Invercargill 住宿一晚

Invercargill是南島最南端的城市。很多人不會來這裡，因為要繞到最南端，會多開很久，而且並沒有什麼特殊景點。但因為我就是想到南島最南端，尤其對Bluff的生蠔很有興趣，所以硬是繞到這裡來。結果一到這個城市，真的有點後悔，因為很工業化，不是很漂亮，最糟糕的是我們住的Motel也是有點暗⋯⋯

整個城市好像是以交通工具為主軸，在旅館裡可以聽到外面綿延不斷的重型機車引擎聲，城市裡也有交通工具的博物館。不過雖然這個城市有點……但南端的沿海景觀我覺得還是很值得一覽。

10：00am　出發

10：30am　到達Motu Pohue（Bluff Hill Lookout）

Bluff布拉夫的最高點觀景臺。風非常大，帶小孩上去，幾乎站不住。

11：00am　到達Stirling Point斯特林角

　　南島最南點，一號公路的起始點。還有一個路標標示到幾個城市的
距離。旁邊還有一個小燈塔。

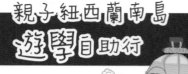
就在路標旁對面有個餐廳叫Oyster
Cove，我們雖然沒有進去，但強烈推
薦，可以在裡面吃生蠔看風景休息，非
常不錯。

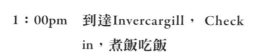

**1：00pm　到達Invercargill，Check
　　　　　　in，煮飯吃飯**

3：00pm　Queens Park皇后公園

本來這裡有個在地球上生存超過兩億年的爬蟲類Tuatara，但我們去
時，博物館好像永遠關閉，只有看到外面的雕像。

這個公園很大，有綠地、花園、水池、很多器材的遊樂場（也有玩
水的遊樂器材，開關按下去，就會有水噴出來），還有小的動物園，可
以在這裡玩上很久。

5：00pm　地球最南端的星巴克

非常可惜，裡面並沒有販賣任何有關地球最南端的城市杯。

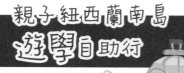

6：30pm　回家煮飯吃飯

☆ **其他推薦行程**

1. **Waipapa Point Lighthouse懷帕帕角燈塔。**

2. **Bluff布拉夫**：3–6月是生蠔的季節，5月有美食節。

3. **Bill Richardson Transport World全世界最大的私人車收藏**：Combo ticket裡還有小孩可以駕駛的迷你挖土機，適合五歲以上。

4. **Steward Island史都華島**：從Bluff（單程1小時）或Invercargill（單程2小時）都可以坐渡輪到Steward Island。島上很原始，有生態導覽可以參加，也有住宿，還可以騎摩托車，可以參考下面網頁，有很多旅遊選項。

   https://www.realjourneys.co.nz/en/destinations/stewart-island/

七、Dunedin但尼丁

Dunedin住宿兩晚

　　從Invercargill到Dunedin這段路會經過The Catlins凱特琳斯海岸線，風景非常優美，比較原始，視野也比較開闊。

 第一天

10：00am　從Invercargill出發

11：10am　到達Slope Point斜角點

　　非常推薦這個景點，好像與世隔絕般，視野非常廣闊，天空很藍，有一大片草地。這個才真正是南島的最南點。

11：45am　離開
12：10pm　到達Curio Bay古董灣，匆匆一撇

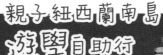

12：20pm　離開

3：00pm　　到達民宿，煮飯
　　　　　吃飯

4：30pm　　出發至但尼丁市
　　　　　區，徒步遊覽

First Church of Otago教堂→
八角廣場（舊市政廳＋聖保羅大
教堂＋羅伯雕像）→但尼丁火車
站。

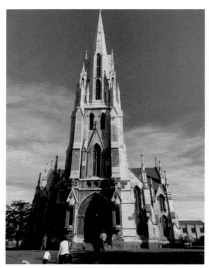

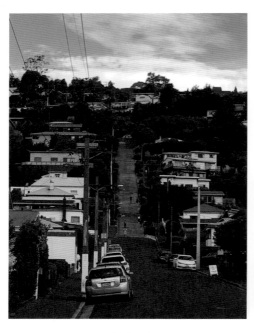

6：30pm 開車至Baldwin Street鮑德溫街

金氏紀錄全世界最陡的街道。

6：45pm　Signal Hill信號山

可以鳥瞰但尼丁，我們快傍晚去，雲層就在我們旁邊。

253

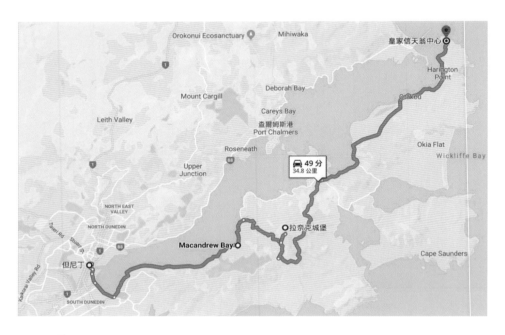

📷 第二天

9：30am　出發往Otago Peninsula奧塔哥半島

經過Macandrew Bay Beach麥克安德魯灣海灘。一個有時間的話可以停下來玩的沙灘。

10：00am　Larnach Castle拉奈克城堡

雖然到了達拉奈克城堡，我們卻過門而不入，因為入門票太貴啦！（建議可以事先在網上買下午茶券），不過這裡也是至高點，沿路景觀很漂亮，所以還是不枉多開了這一段山路。有提供住宿。

10：30am　到達皇家信天翁中心Royal Albatross Centre

位於奧塔哥半島終點。停車場到中心這段路可能因為鳥太多，有很多鳥大便，味道有點很重。是可以觀賞到海鳥、企鵝、海獅、海豹等的好地方。但說實在要看到企鵝需要太多運氣，所以如果真的想看黃眼企鵝，還是參加自費團會比較實在。

在快接近信天翁中心，有一個Penguin Place，可以自費參加黃眼企鵝導覽之旅。

11：30am　離開信天翁中心，啟程前往Omaru奧瑪魯

1：30pm　到達Moeraki Boulders 摩拉基巨石

因為小孩在睡覺，所以匆匆照了個相，繼續趕路。

2：00pm　到達Oamaru 奧瑪魯

我們先去Blue Penguin Colony買晚上看企鵝的票，然後就開始邊開車、邊下車遊覽之走馬看花行程（路邊停車很方便，好像都不用錢？）並在公園度過了一段很長的時間⋯⋯

↑St. Luke's Anglican Church聖路加聖公會教堂

↑ St. Paul's Church

☆ **Harbour Street 港口街**

　　有很多特色小店，像書店、畫廊、骨董店等等，建築物非常復古，很像置身古老年代。

259

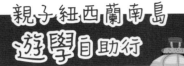

☆ **Steampunk HQ蒸氣朋克總部**

是全球蒸氣朋克的總部，很特別的地方，充滿各式奇特機械和交通工具，結合魔幻與科技，網路上說外面的火車投錢還會有聲音（我們只有從對面街上照相）。

☆ **Bushy Beach茂密海灘**

聽說可以免費看黃眼企鵝，但應該要運氣很好吧！

261

☆ **Steampunk Playground蒸氣朋克遊戲場**

在等晚上看企鵝之前，我們都讓小孩在這裡玩。

在開去Blue Penguin Colony的路上，有一個棧道上面停了好多好多的鳥，好像是Shag，也有網友說裡面可能有藍色企鵝。一群鳥擠在這個棧道上也是蔚為奇觀。

5：30pm　到達Blue Penguin Colony藍企鵝保護中心

建議一定要提早購票，不然非常有可能會售完，我們是下午去購票的，晚上入場時就聽到有人買不到了。

有分紐幣35元和紐幣45元兩種票價，建議買紐幣35元即可。

等藍眼企鵝上岸的這段時間非常冗長，小小孩可能待不了那麼久，而且工作人員會勸導你不能說話、不能拍照，真是非常挑戰。不過當我帶著小的到旁邊讓他玩沙時，這時一隻企鵝不知什麼時候居然出現在我腳邊，傻傻呆呆的，可愛極了，非常幸運的一晚，但最後還是沒能等到全部企鵝歸巢，就先離開了。

☆ **其他建議景點**

1. **The Catlins Coast凱特琳絲海岸線**

　　這個海岸線除了Curio Bay，還有其他幾個景點，推薦給大家：

（1） Porpoise Bay海豚灣。

（2） Florence Hill Lookout佛羅倫斯山觀景臺。

（3） Nugget Point金塊景點。

2. **但尼丁**

（1） St. Joseph's Cathedral聖約瑟夫天主堂。

（2） Taieri Gorge泰伊里峽谷觀光列車：但尼丁火車站可以坐著名的
　　　Taieri Gorge泰伊里峽谷觀光列車，來回約4小時，不僅可以置身
　　　峽谷，還會經過無數隧道和橋樑。

　　　http://www.dunedinrailways.co.nz/

（3） Dunedin Botanic Garden但尼丁植物園：紐西蘭最古老的植物
　　　園。

（4） Otago University 奧塔哥大學：紐西蘭最古老的大學，有第一所
　　　醫學院和紐西蘭唯一的牙醫學校。從外圍看還以為都是現代建
　　　築，要走進去才會發現古老的英格蘭式建築，最有名的是「鐘
　　　樓」（Clocktower Building），非常值得一遊。

（5） Tunnel Beach 隧道海灘：從市中心往南約7.5公里，岩石有著像
　　　隧道一樣的形狀，但需要走一段路，帶小孩可能不是很方便。

3. 前往Omaru奧瑪魯路上

（1）White Stone Cheese Reception、Factory Shop & Café白石起士工廠、商店和咖啡廳：可以免費試吃，還可以參觀製作過程，但須付費。

4. Omaru奧瑪魯

（1）Thames St. 歷史大道：整條街滿是英式建築，有如置身歐洲。11月中有Victorian Festival維多利亞文化節，在Thames St.會有遊行、市集等，也可以看到小鎮居民穿上中古世紀的衣服在街上趴趴走喔。

（2）South Hill Walk 南山丘步道：居高臨下剛好可以看到有很多鳥棲息的棧道。

5. Timaru提瑪魯

Caroline Bay凱洛琳灣：當地的海灘。

到了南島南部城市，才開始看到這種智慧廁所，聽說是為了安全才設置的，好奇的人可以試試喔，不過在確認怎麼出來之前，還是先不要讓小孩進去好了。

postscript

後 記

一、觀光&遊學後感想

（一）觀光後感想

1. 其實就算沒有很詳盡的行程，每個城市或小鎮幾乎都有information center或i-site，紐西蘭的i-site資訊非常詳盡，也可以幫忙訂購住宿、活動等。可以一到達，就先去拿一本當地的旅遊冊子，休息一下，再來好好研究要去哪裡玩。（當初去歐洲7國，23個城市，也是照這個模式，除了大概想去地方的藍圖，和第一天晚上住宿，其他都是邊走、邊定，玩得非常盡興也很有深度，只是每天從早到晚都在走路，哈！）

2. 看了很多湖，個人覺得Lake Tekapo是最漂亮的湖，整個小鎮非常靜謐，非常值得一遊。

3. 來南島，國家公園也是必看，因為唯有去到國家公園，才會真正感受到紐西蘭大自然的宏偉，而且也能吸收到最多的芬多精。

4. 因為已經把一家子都帶在身邊，所以其實行程可以彈性，不用太趕，沿路看到吸引的景色，就小心路邊停車下來拍照；看到有興趣的商店、景點，就進去探索一下，小憩一會兒，可以更深入當地風情。其實不用照本操課，既然出來旅行，就放鬆一下，讓自己有更多空間可以「隨興」，才是自由行最根本精神。

5. 紐西蘭最特殊就是天然風景和少汙染。所以當我去時，會特別吃那邊的蔬菜水果，尤其牛奶、果汁、優格等各式天然製品，甚至

餅乾、糖果、爆米花等都可以找到有機。衣服、其他物品等也都可以找到品質優良的產品，大家可以好好尋寶一下。

6. 如果喜歡買東西的話，一定要趁打折季來購買，通常都可以有非常好的折扣（我們去的時候1月底2月初剛好打折季，不過南島只有基督城有比較多商場可以逛，其他地方大部分就只有小店和紀念品店囉！

7. 紐西蘭大部分博物館或景點門票，5歲以下的小朋友是免費，不用票的喔，所以可以好好利用這個優勢。

8. 建議閱讀完本書後，如果不想開車繞太遠，可以選擇較有興趣的地方玩就好，但通常大城市，像基督城、皇后鎮、但尼丁都可以多玩幾天，因為可以看的東西很多，行程才不會太趕。

（二）遊學後感想

1. 紐西蘭教育真的跟台灣不大一樣。如果完全用台灣的思維來這裡上課，不管家長還是小孩可能都會不適應。所以建議還是保持一個開放的心態，做好心理準備，放鬆體驗另一個國家的文化和教育。

2. 紐西蘭對小孩的教育非常重視「玩」，從他們的社區公園遊樂設施、或者學校所提供的教具和遊樂器材都可見一般。所以千萬不要追著老師問小孩今天學了什麼字？等等奇怪的問題，當然要問也是可以啦，只是我本人不會問這類的問題。語言的學習不用擔

心，因為只要在那個環境，絕對是有吸收、有影響，那種隱性影響不一定是我們看的到的。我會比較注意的是小孩的情緒，能夠幫助小孩盡快融入環境，喜歡去學校，幫助小孩適應老師同學才是重中之重。

二、Q & A

（一）帶藥品等出海關需要申報嗎？

很多人說紐西蘭海關很嚴，很幸運的我們遇到一個非常輕鬆的華裔海關。出關時有分要申報和不用申報，結果好像是申報這邊還比較快。華裔海關只有問我們有沒有帶機上三明治、還是水果下來，我回答沒有，就蓋蓋章，讓我們過關啦。不過我們是有依網路上建議的把需要申報的都放在同一個行李（我們帶有茶葉和備用藥），也可以放在隨身行李，如果沒有很多很重的話，要檢查比較方便。建議為了不冒險，所有不確定要不要申報的都申報就沒問題了！

（二）尿布哪裡買？

雖然我自己帶了約三大袋尿布，但30天鐵定不夠用。在當地超市買

了好奇（男童），結果紐西蘭的好奇異奇的好用，不知道跟台灣賣的有沒有一樣？而奶粉，因為紐西蘭是出名的純淨，所以我當然也是只有帶一點點奶粉，然後在當地購買羊奶粉。雖然有些人可能怕小孩吃不習慣，但還好我們並沒有遇到這個問題。

（三）什麼季節去呢？

如果帶小孩的話，我會推薦夏季，也就是不冷的時候，小孩不怕太冷感冒，還可以玩水，最重要的是夏季行李打包也比較輕。但如果只有大人的話，就看個人喜好了，其實不同季節有不同的美，而且也有不同花季，個人則覺得楓紅很美（4月初到5月中），魯冰花也很美（10月底到12月中）。

三、實用App、網站等

（一）App

1. **YHA NZ Travel**：除了告訴你哪裡有青年旅館，還告訴你哪裡有廁所、加油站和遊玩等資訊，非常實用。

2. **Aurora Service**：提供極光預測，KP值大於5，就有可能看到南極光。

3. **MetService**：可查詢天氣、日出日落時間等。

（二）網站

1. www.journeys.nzta.govt.nz/traffic。提供即時路況。

2. www.doc.govt.nt/parks-and-recreation/tracks-and-walks。提供健行步道資訊。

3. https://ccc.govt.nz提供基督城活動介紹。

4. https://www.artscentre.org.nz提供藝文活動介紹。

5. https://www.facebook.com/FirstTableApp。First Table臉書。First able顧名思義，是餐廳的第一桌，某些餐廳會提供半價優惠，可以直接加入臉書會有最新資訊。

6. https://www.facebook.com/nztasouthisland/南島交通資訊臉書。加入官方臉書，就可以知道最新封路等突發交通狀況。（很多網友說紐西蘭天氣瞬息萬變，我們這次旅行只遇到兩天氣候不好，其他天都是陽光普照，傍晚後天氣涼爽非常舒服，不過光是那兩天，就可以體會到天氣真的變得很快，還是要有心理準備）

四、此次行程花費比例圖

　　雖然在出發前原本想好好記帳，但等實際上路，才發現實在太難，這項技能不大適合我雙魚座的個性，所以直接放棄，但還是有個大概輪廓，可以供大家參考。

（一）預算

　　出發前就確認的大略花費（台幣）：共42萬元
1. 紐航豪華經濟艙機票3大2小：約20萬元
2. 住宿：約15萬元
3. 網路預定的兩樣活動（螢火蟲洞＋米佛峽灣自然景觀船）：約2萬元
4. 租車：約5萬元（雖然本來沒這麼貴，但現場換較大車，再加上臨時決定延長至當天上飛機再還車，就變這個費用了）

（二）換匯

　　其實很多人都有這個問題，到底要帶多少現金？去哪裡換匯？要用哪張信用卡？

　　我們是換了台幣12萬元（其中有5萬元是付民宿房租的），其實非常好用！還有剩的可以回台灣。除了比較貴的花費，像皇后鎮纜車＋Luge，蒸汽船，約台幣1萬元，刷了卡，部分油錢刷卡，其他門票、餐費、紀念品等都是用現金。用現金有個好處，可以省非常多錢。其實就是因為在剛過一個星期，先生身上的現金就快見底（他身上負責帶紐幣1千多元），所以金牛座的他馬上進行控管，之後餐餐自己煮，不外食，我們大部分就吃炒飯和麵，度過我們剩下的旅程（吃完早餐，驅車前往景點或下一個民宿，民宿吃中餐，出去玩，再回來吃晚餐），雖然聽起來很淒慘，但旅程完後，天啊，真的省了非常多錢，因為紐西蘭餐廳實在要價不斐，所以要省錢的，自己煮最省。

（三）換匯銀行

1. 台灣銀行：建議從有想法到紐西蘭時，就要開始注意匯率，逢低買進，我們是在2019年初出國的，2018年10月紐幣甚至破20元，當時想說等等，結果扼腕，所以建議常常關注，遇合理區間即可換匯。現在台銀也有提供線上換匯，可以有比較優惠的匯率，免手續費，先匯款完，再到指定分行領取，省去大排長龍的等候。
2. 兆豐銀行：和台銀大同小異，最方便的是可以24小時網上結匯，機場領，適合最後一秒才要換匯的人。

　　但其實我還是比較喜歡傳統方法，長期觀察，遇到比較低匯率時，就選一天有空的時間，直接到比較少人的分行比較快啦！

（四）信用卡

另外也有很多網友會利用信用卡回饋方式，但是信用卡也是看清算日匯率，而且有手續費，所以雖然信用卡可以回饋2%多（有網友推薦中信信用卡line pay回饋2.8%，但是回饋line points），但如果你提前換現金換到更好的匯率，其實用現金也不一定比較貴。

總而言之，用現金還是信用卡，比例多少，就看個人習慣和喜好，沒有什麼一定的方式，但對本人而言，一切簡單方便至上囉！

所以雖然沒記帳，但加加減減，大概把花費（台幣）整理為下：

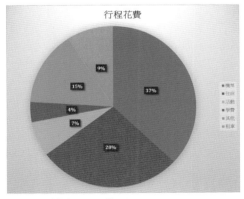

1. 機票：20萬元
2. 住宿：15萬元
3. 活動：4萬元
4. 租車：5萬元
5. 學費：2萬元
6. 其他（油費、伙食費、紀念品、門票等）：8萬元

3大2小30天共花費54萬元，平均一人30天花10.8萬元，一人一天花3600元。

P.S. 如果還想更省，坐經濟艙還可以省10萬元，如果你們是2大1小，住宿也會更便宜，因為紐西蘭住宿按人頭算。

五、紐西蘭物品介紹

紐西蘭超市非常好逛，趁小孩在上課時大人就可以慢慢逛，找尋有興趣的商品。

我沒注意是不是每間超市都有這項服務，不過New World的超市入口都有一個籃子，可以免費讓小孩吃水果。

（一）食品

有各式蔬菜水果，也可以買已經處理調味好的肉品回家直接烹調，連蛋都有好多選擇，而且包裝好可愛、好多顏色。

↓各式健康餅乾：下面架子有三隻熊包裝的，是紐西蘭出產的有機爆米花喔！

↑好喝的果汁

↑紐西蘭特產水果果汁，喝起來很像芭樂，也是大喝特喝

↑我超愛喝的巧克力牛奶

277

其實超市賣的水果、肉類等生鮮，感覺都沒有專賣店或農場賣得好。所以如果有去農場或專賣店就買多一點吧！（農場不同季節出產不同水果蔬菜喔）

順便分享一下剛到基督城的乾淨冰箱內部照，非常健康！

中間圓圓的紅牛Cheeze塊，軟軟的，塗在麵包上很好吃，但要選原味的喔！（本來以為是紐西蘭製，結果是法國製，但很開心回來台灣時發現美式大賣場有在賣，雖然包裝不同）

（二）日用品、保養品、健康食品等

紐西蘭有很多天然製品，包括沐浴乳等，ECOSTORE是滿普遍的品牌，連洗衣精、洗碗精都有。

↑左上角就是防SANDFLY沙蠅的噴霧

↑RED SEAL也是很普遍的當地有機牙膏品牌，用起來滿清爽的

279

　　基督城三商超市後面有賣保養品、營養品等是全南島最便宜的！

　　我們來了這裡好幾次，非常好逛、非常好買，有各式小孩大人營養品，還有面膜、蜂膠等，可以來這裡慢慢尋寶，是買伴手禮的最佳去處。

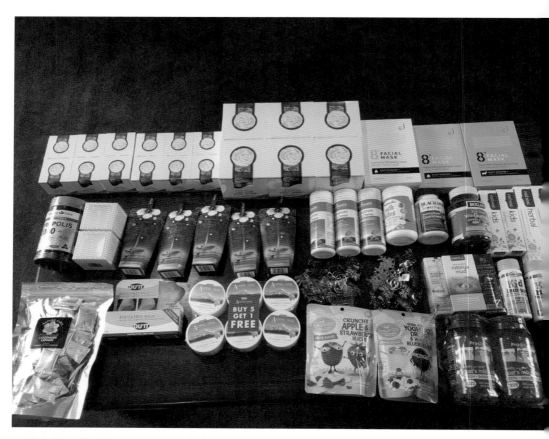

↑附上部分戰利品，都是三商超市買的喔！

（三）服裝品牌

　　Untouched World是紐西蘭當地羊毛衣品牌，品質很好，聽說歐巴馬也曾經來這裡買。後方有一小店專賣過季品，但就沒有什麼好看的可以選擇，附近也有一些餐廳。

↑後方過季品商店

↑Country Road雖然是澳洲品牌，但只有澳洲和紐西蘭有實體店面，販賣大人、小孩的衣服和各類商品，非常推薦！

↑Macpac 紐西蘭當地戶外休閒衣品牌

題外話

紐西蘭銀行給小孩的儲蓄玩偶機器，它可以顯示你的帳戶裡有多少錢，非常好玩喔！另外有Flat White咖啡、Hocky Pocky口味的冰淇淋，大家來到紐西蘭都可以試試喔！

六、此次行程住宿介紹

人數：3大2小

通常從Bachcare定的民宿，大部分都需自備床單，需要清潔費，而且有些有最少住宿天的限制。如果不想自備床單，1人付紐幣25元，他們就會幫你準備。

不過像我們在基督城的民宿，雖然我們並沒有付床單的錢，但房東人很好，也是有提供給我們床單，但須至少住兩星期。

一般需提前1.5–2小時跟Manager管理人聯絡開門和介紹，但也有些直接用Key Box輸入密碼就行（有些民宿付上管理人email，說不定直接跟他們問會比較清楚或比較便宜）。

日期 2018年	地點	住宿處	預定網站/ 管理人email	1晚價錢 NZD	附註
1/15 –2/2	Christchurch 基督城	22 Elmslie Grove, Halswell	Holiday Houses dave@storageplus. co.nz （説不定直接跟 管理人問會比較 清楚或便宜）	204	
2/2 –2/4	Lake Tekapo 蒂卡波湖	Trout House	Bachcare	305	Key Box 非常難找
2/4 –2/6	Lake Wanaka 瓦納卡湖	81 Aubrey Road, Bremner Bay	Bachcare	232.5	
2/6 –2/8	Queenstown 皇后鎮	Crows Nest 23 McKerrow place	Bachcare	210	不用清潔費
2/8 –2/10	Te Anau 蒂阿瑙	Lakeside House 150 Te Anau Terrace	Bachcare	329.5	另加清潔費100
2/10 –2/11	Invercargill 因弗卡吉爾	Saint Clair Beach Apartment	Booking.com	240	另加清潔費40
2/11 –2/13	Dunedin 但尼丁	Homestead Villa Motel	Booking.com	255	不用清潔費
2/13 –2/14	Christchurch 基督城	15 Ashbourne St. Burnside	Airbnb	177	不用清潔費

P.S. 住宿價錢會隨季節和人數有所變化，清潔費、床單費等也都可能有變動

部分民宿介紹：

 1/16–2/2：基督城Haswell ☆☆☆☆☆

強烈推薦！完全的住宅區，在靜巷裡，花園後方也是樹，完全不會吵雜，夏季傍晚在外面坐著非常舒服，周邊生活機能完整，有New World超市、餐廳、肉店、圖書館、公園等，還有非常多幼兒園。

↑主臥室落地窗景觀

我們住的民宿外停了三台這種電動滑板車Lime。只要刷信用卡啟動付錢，隨處都可以停放，會有專人來收車，當時真的好想試試看……看起來很好玩。

 2/2-2/4：蒂卡波 ☆☆☆☆

　　是很個性化的民宿，客廳有很多小朋友可以玩的東西，唯一缺點是有點舊，地毯是長毛的，會比較難清理。但屋子面很長，前面廣場超大，擁有無敵景觀。地點超優，走路就可以到街上最熱鬧的一條街，有餐廳、紀念品店等等，走到街上的路邊也有一個可以進去的遊戲場。

↑民宿門前風景

↑傍晚景觀

↓還有望遠鏡

↑這種床下面比較大，可以睡兩個人

287

📷 2/4–2/6：Lake Wanaka瓦納卡湖

　　看網頁滿有特色的房子，只是裡面有一些屋主標本收藏，廚房很舊，不建議帶小朋友來⋯⋯

📷 2/6–2/8：Queenstown皇后鎮 ☆☆☆☆

　　很有特色的房子，雖然外面舊，但裡面是完全翻新過的，非常乾
淨，麻雀雖小，五臟俱全，唯一缺點是離市區有一點距離。

 2/8–2/10：Te Anau蒂阿瑙 ☆

　　一間面湖的房子，無敵景觀，走到
對面就是湖邊。離坐螢火蟲船的地方也
非常近，唯一比較大的缺點，房東（或
管理員）不是很好相處，你最好自帶床
單，或乾脆跟他當面確認你有付床單和
清潔費，不然萬一你沒有物歸原位或床
上有頭髮，就……

↑ 後院景觀

📷 2/11–2/13：Dunedin但尼丁 ☆☆☆☆☆

　　非常乾淨的民宿！裡面以白色為基調，還提供好吃的巧克力歡迎你。所有該有的設施都有，雖然離市區需要開車，我們約快傍晚6點進市區，好停車，而且過6點也不用錢。以價位和CP值來說，非常推薦，房東也非常友善。唯一缺點，沒有烘衣機，衣服需曬在外面（太陽很強，除非下雨，不然很快就乾）。

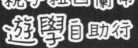

七、可玩活動建議

　　以下提供的是一些活動建議及其網址，如果有些網址太長，可以直接搜尋所屬的網站，再填入活動名稱搜尋即可，各個網站價錢和提供活動不一樣，請自行比價查詢喔！

活動搜尋網站：

https://www.getyourguide.com.tw/有中文介面

https://www.klook.com/zh-TW/有中文介面

https://www.newzealand.com/int/

https://www.everythingnewzealand.com/new-zealand/adventure/

https://www.realjourneys.co.nz/en/

https://www.bookme.co.nz/things-to-do/queenstown/home

（一）Lake Tekapo蒂卡波湖

1. **Mackenze Alpine Horse Trekking騎馬行程**
   4歲以上即可參加，但還是要看體型。
   https://www.maht.co.nz/

2. **Franz Josef Glacier約瑟夫冰河探險**
   https://www.franzjosefglacier.com/our-tours/

3. **Fox Glacier Helihike福克斯冰河直升機健行探險（4小時）**

   https://www.klook.com/zh-TW/activity/2209-flying-fox-heli-hike-christ
   church/?aid=9cd66b8aa0be643c&af_wid=2620&utm_medium=affiliate-
   alwayson&utm_source=non-network&utm_campaign=2620

4. **Tasman Glacier Explore塔斯曼冰河探險**

   坐小艇在冰河上，小孩須滿5歲才能參加，全程約2.5小時，但只有
   約45分鐘到1小時在水上。

   http://glacierexplorers.com/

（二）Lake Wanaka瓦納卡湖

1. **Mount Burke 4x4 Explorer四輪驅動上山＋乘船遊覽**

   https://www.getyourguide.com.tw/wanaka-l946/wanaka-mount-burke-4x4-
   explorer-and-boat-tour-t187164/?referrer_view_id=38203c96518f045b927
   2c29981f8befe&referrer_view_position=4

2. **租腳踏車（包括小孩可以坐的）**

   www.bikelounge.co.nz

3. **噴氣船＋荒野步道**

   https://www.getyourguide.com.tw/wanaka-l946/wanaka-jet-boat-
   wilderness-walk-t113050/?referrer_view_id=38203c96518f045b9272c2998
   1f8befe&referrer_view_position=5

（三）Queenstown皇后鎮

1. **高空跳傘**

   https://www.klook.com/zh-TW/activity/2204-nzone-skydive-queenstown/

2. **納維斯峽谷鞦韆體驗**

   https://www.klook.com/zh-TW/activity/2336-nevis-swing-queenstown/

3. **空中觀光纜車 & 滑板車 & 自助晚餐／午餐**

   https://www.klook.com/zh-TW/activity/2175-skyline-gondola-queenstown/?krt=r20&krid=b39b237b-3916-4c39-78f8-a852f1636abc

4. **TSS復古蒸汽船瓦卡蒂普湖觀光**

   https://www.klook.com/zh-TW/activity/2196-tss-earnslaw-steamship-cruise-queenstown/?krt=r20&krid=b39b237b-3916-4c39-78f8-a852f1636abc

5. **魔戒電影取景地半日遊**

   https://www.klook.com/zh-TW/activity/2678-lord-of-the-rings-tour-queenstown/?krt=r20&krid=b39b237b-3916-4c39-78f8-a852f1636abc（兒童票適用於4–14歲，0–3歲嬰幼兒可免費參加）

6. **卡瓦勞大橋滑索體驗**

   https://www.klook.com/zh-TW/activity/2394-kawarau-zipride-queenstown/?krt=r20&krid=b39b237b-3916-4c39-78f8-a852f1636abc

7. **沙特歐瓦河噴射快艇之旅**

   https://www.klook.com/zh-TW/activity/2176-shotover-jet-trip-queenstown/?krt=r20&krid=b39b237b-3916-4c39-78f8-a852f1636abc

（四）Glenorchy格林洛奇

1. **騎馬場有2間：**

   Dart Stable：https://www.dartriver.co.nz/horse-riding/

   High Country Horses：https://www.highcountryhorses.nz/isengard-lord-of-the-rings/

2. **Glenorchy半日4WD指環王之旅**

   https://www.getyourguide.com.tw/queenstown-l498/glenorchy-half-day-4wd-lord-of-the-rings-tour-t171390/?referrer_view_id=2fa3ba63507942be7384d3ecbdf621ce&referrer_view_position=1

（五）Te Anau蒂阿瑙

1. **螢火蟲洞之旅**

   https://www.realjourneys.co.nz/en/experiences/glowworm-caves/te-anau-glowworm-caves/

2. **米佛峽灣自然景觀船**

   https://www.realjourneys.co.nz/en/experiences/cruises/milford-sound-nature-cruises/

3. **可疑峽灣過夜船Doubtful Sound Overnight Cruise**

   https://www.realjourneys.co.nz/en/experiences/cruises/doubtful-sound-overnight-cruises/

（六）Invercargill/Bluff因弗卡吉爾/布拉夫

Steward Island史都華島看奇異鳥

https://www.realjourneys.co.nz/en/

（七）Dunedin但尼丁

1. **奧瑪魯白石小鎮 & 藍企鵝棲息地套票**

   https://www.klook.com/zh-TW/activity/9575-whitestone-city-and-oamaru-blue-penguin-colony-combo-ticket-dunedin/?krt=r20&krid=340d5271-7f9a-429c-65db-9c4f545ec947

2. **奧塔哥半島半日遊（但尼丁出發）**

   https://www.klook.com/zh-TW/activity/9418-otago-peninsula-half-day-tour-from-dunedin/?krt=r20&krid=340d5271-7f9a-429c-65db-9c4f545ec947

3. **紐西蘭拉納克城堡 & 花園 & 下午茶半日遊**

   https://www.klook.com/zh-TW/activity/9138-larnach-castle-and-gardens-dunedin/?krt=r20&krid=340d5271-7f9a-429c-65db-9c4f545ec947

八、南島地理、觀光火車 和漏網城市地圖

　　南島有豐富的地理景觀：有高山、有平原、有冰河、有湖泊、有盆地、有峽灣、有沙灘⋯⋯，以下整理簡單的地理圖，讓大家更了解南島的地理風景。

（一）坎特伯里大平原

（二）南島五大湖泊

☆ Lake Tekapo提卡波湖

☆ Lake Pukaki普卡基湖

☆ Lake Hawea哈威亞湖

☆ Lake Wanaka瓦納卡湖

☆ Lake Wakatipu瓦卡蒂普湖

（三）五大國家公園

☆ Mt. Cook National Park庫克山國家公園

☆ Fiordland National Park峽灣國家公園

☆ Westland National Park西海岸國家公園

☆ Mt. Aspiring National Park阿斯帕林山國家公園

☆ Arthur's Pass National Park亞瑟隘口國家公園

（四）三大冰河

☆ Tasman Glacier塔斯曼冰河

☆ Franz Josef Glacier法蘭士・約瑟夫冰河

☆ Fox Glacier福克斯冰河

（五）紐西蘭南島觀光火車

1. TransAlpine阿爾卑斯號景觀火車

https://www.greatjourneysofnz.co.nz/tranzalpine/

從Christchurch基督城至Greymouth葛雷茅斯。

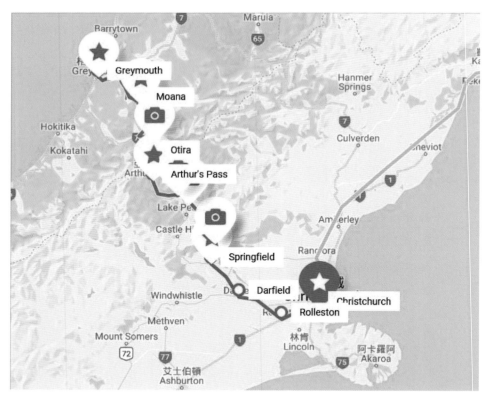

↑圖片來源：https://www.greatjourneysofnz.co.nz/tranzalpine/

2. **Coastal Pacific Train太平洋海岸號火車**

https://www.greatjourneysofnz.co.nz/coastal-pacific/

只營運夏季（4/28/2019–9/26/2019沒開放），官網上寫2019/2020
的列車還沒開放預訂。

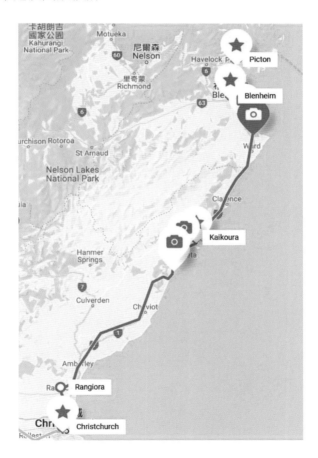

↑圖片來源：https://www.greatjourneysofnz.co.nz/coastal-pacific/

3. Taieri Gorge Railway泰伊里峽谷火車

https://www.dunedinrailways.co.nz/our-journeys/taieri-gorge-railway

來回4小時。

↑圖片來源：https://www.dunedinrailways.co.nz/our-journeys/taieri-gorge-railway

這次因為時間的關係，沒有辦法遊覽南島所有的城市，以下稍微介紹一下沒去的城市，提供有興趣的人參考喔！

☆ 北部

1. **Kaikoura凱庫拉**：野生生物天堂，可以坐船出海看鯨魚，有世界最小的賀氏矮海豚、毛皮海獅等。
2. **Picton皮克頓**：是連接北島威靈頓和南島的渡輪口。
3. **Hokitika霍基蒂卡**：紐西蘭著名的玉石小鎮，販賣很多玉石。沙灘有著名用木頭組成的Hokitaka地標，也有不收門票的螢火蟲洞Glow Worm Dell，還有Hokitaka Gorge峽谷，可以看到牛奶藍的湖水。
4. **Greymouth格雷茅斯**：過去曾是採礦城市，但後來有經過很多洪水侵襲。是著名南阿爾卑斯山觀景火車的另一點（另一點是基督城）。有著名的黑水漂，還有一個Monteith's酒莊，往北走還有著名景點Pancake Rock鬆餅岩。
5. **Marlborough馬爾堡**：南島北區的一個區域，有70多家酒莊，如果愛喝葡萄酒，可能就要考慮來這裡，除了酒，配酒的綠殼淡菜和新鮮鮭魚也非常有名，二月還有美食節。

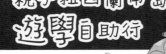
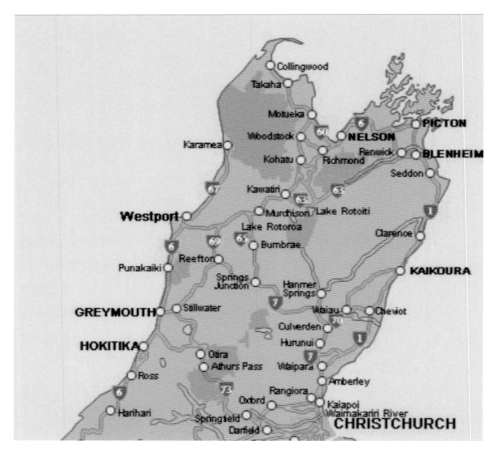

↑圖片來源http://www.backpack-newzealand.com/images/southisland.gif

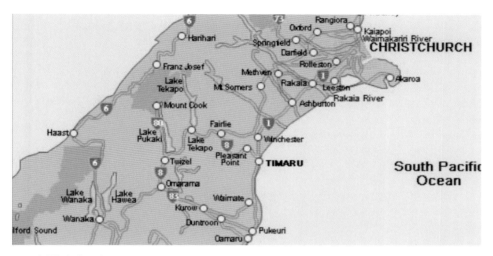

↑圖片來源http://www.backpack-newzealand.com/images/southisland.gif

☆ 中部

1. **Haast哈斯特**：如果要走福克斯冰河到瓦納卡這條路線的話，就會
   經過Haast這個中點站小鎮，建議休憩一下。再往下走，途中還會
   經過Pleasant Flat、Thunder Creek Falls、Fantail Falls，有興趣可以去
   看看。

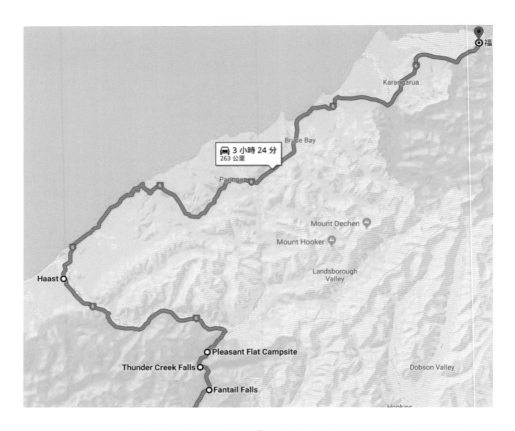

2. **Omarama歐馬拉瑪**：毛利語「寬廣的大地」的意思。有露天木桶
溫泉Hot Tubs Omarama，其實只是熱水加熱而已，但因為設在戶
外，頗有風情。還有Giant Merino Sheep Statue超大美麗諾羊雕像可
以照相留念。

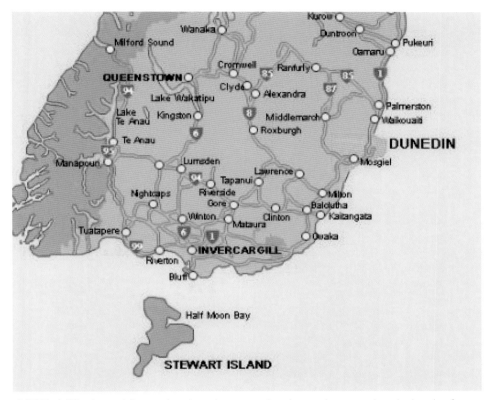

↑圖片來源：http://www.backpack-newzealand.com/images/southisland.gif

☆ 南部

　　Gore高爾：南部重要交通樞紐，位於1號公路和94號公路交界。紐西蘭鄉村音樂之都，也是世界補棕色鱒魚的中心（The World Capital of Brown Trout Fishing）。鎮上還有個可愛綿羊雕塑和百年以上歷史的燕麥工廠Creamoata，大家如果經過這裡，可以停下來看看喔！

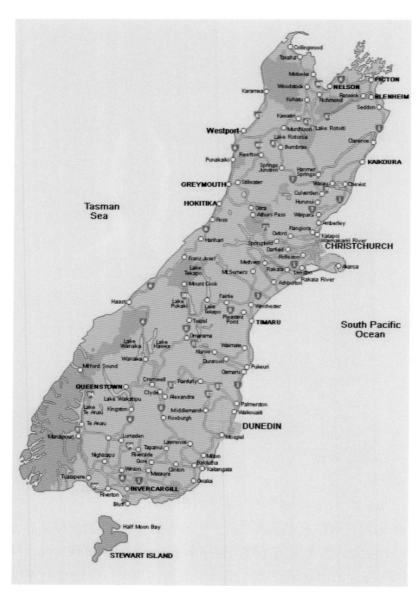

↑南島總地圖（圖片來源：http://www.backpack-newzealand.
com/images/southisland.gif）

九、露營車實用資訊

　　雖然本人並沒有選擇露營車，但還是提供一下露營車的優缺點和一些資訊讓喜歡體驗露營車的人參考。

（一）優點

1. 所有的行當都在車上，可以減去搬運打包之苦。
2. 晚上睡覺可以享受星空，享受大自然，不過也是有天氣不好的時候啦，如果怕晚上睡覺會冷，要記得多租一台暖氣機喔！
3. 露營車空間較大，小孩長途旅行比較不會無聊。
4. 可以在車上煮飯、睡覺。

（二）缺點

1. 因為車太大，進市區會比較不容易停車，所以採買食物等都要到有比較大停車場的地方。
2. 一點點安全性考量，不管開車停車方面，或者是過夜方面。
3. 需要處理廢水等維持營車等雜事。

（三）租車網站

1. www.motorhomerepublic.com房車國度（中文介面）
2. www.zuzuche.com租租車（中文介面）
3. https://www.newzealand-motorhomes.com/
4. http://campervanhiresalefinder/

　　在紐西蘭常看到Jucy和Britz的車，Jucy車比較小，但很顯眼。另外還有當地品牌Maui，都可以直接到官網查詢比較。

　　一樣建議買全險，因為畢竟車子比較大，比較容易擦傷。

　　但是不要以為租了露營車，就不用付任何住宿費用喔，因為畢竟隨便停在停車場是很危險的，更別說停在荒郊野外了。所以還是付點錢，在露營地過夜，而且手機等都需要充電呀，但是要注意住宿費也是要算人頭的。

（四）露營地

1. **紐西蘭公有營地DOC**：www.doc.govt.nz/因為是公有，當然會便宜很多，甚至免費，只是設備可能比較陽春，位置也比較偏遠。
2. **Top 10 Holiday Park**：南北島共有52個點，很多人都會選擇這間公司，每個營區都各有特色。
3. **Holiday Parks**：和Top 10 Holiday Parks不一樣喔！也是連鎖露營地，

建議都要參加會員比較划算。

（五）實用APP

1. **WikiCamps**：資訊包括各地露營地、提供付費或免費盥洗地方、免費wifi等。
2. **CamperMate**：比WikiCamps多了加油站和道路警戒標誌，包括封路、維修等資訊。
3. **Rankers Camping NZ**：是紐西蘭官方網站，上面的營地是的確可以合法露營的，不過只有提供營地資訊而已。

十、另一種輕鬆觀光的方式～搭郵輪

上次帶老大去美國遊學，就是阿拉斯加郵輪（13天＋西雅圖3天）＋德州2星期遊學（休士頓約3天）。雖然中間需要從西雅圖搭機到休士頓，但帶小孩坐郵輪比自駕遊輕鬆太多啦！！！

遊Akaroa時，Jennifer有提到他有朋友坐郵輪，而Akaroa就是其中一個停靠點。

在遊輪上吃得好，還有小朋友最喜歡的Buffet自助餐（全天免費供應），可以隨時去選喜歡吃的東西，而且還不用付錢！

　　坐遊輪也不用每天搬行李，點到了，下船遊玩就好。船上有游泳池、也有小朋友的活動，甚至還可以幫你帶小孩，真是美妙，只是小孩要願意就是了。

☆ 幾個重點：

1. 有些郵輪第三人開始比較便宜。
2. 大部分的郵輪小孩2歲以上就算成人價，但也有郵輪連嬰兒也算成人價。
3. 所有下岸後的行程是額外付費的，可以事先在網上選好付費。

　　以下提供兩個網站供大家參考（遊輪一樣愈早訂愈便宜，但有時萬一還有位置，出發前幾天也有可能特價）：

1. https://www.princess.com
2. https://www.cruisesalefinder.co.nz

　　行程主要分不往返（例如從澳洲Sidney到紐西蘭奧克蘭或反向）或往返（例如從奧克蘭出發，奧克蘭靠港）、不同天數及不同停靠點。

　　以下分享一些網路上截圖的路線及部分價錢參考：

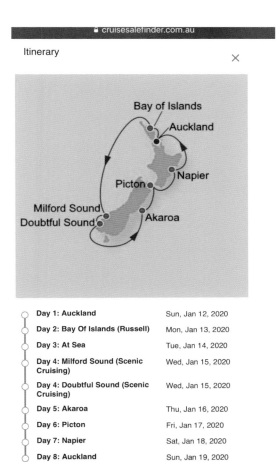

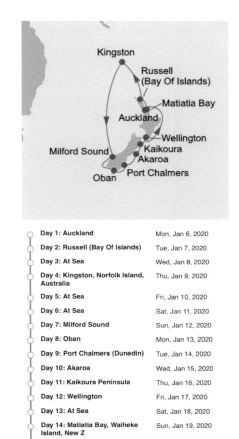

↑圖片來源：cruisesalefinder官網／手機介面

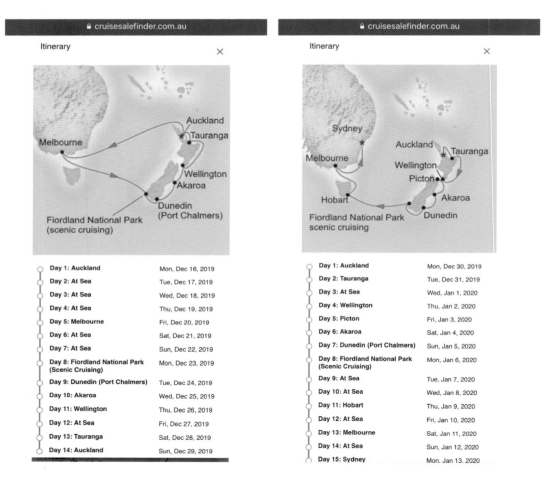

🔒 cruisesalefinder.com.au

Itinerary　　　　　　　　　　　　　　✕

Day 1: Auckland	Mon, Dec 16, 2019	
Day 2: At Sea	Tue, Dec 17, 2019	
Day 3: At Sea	Wed, Dec 18, 2019	
Day 4: At Sea	Thu, Dec 19, 2019	
Day 5: Melbourne	Fri, Dec 20, 2019	
Day 6: At Sea	Sat, Dec 21, 2019	
Day 7: At Sea	Sun, Dec 22, 2019	
Day 8: Fiordland National Park (Scenic Cruising)	Mon, Dec 23, 2019	
Day 9: Dunedin (Port Chalmers)	Tue, Dec 24, 2019	
Day 10: Akaroa	Wed, Dec 25, 2019	
Day 11: Wellington	Thu, Dec 26, 2019	
Day 12: At Sea	Fri, Dec 27, 2019	
Day 13: Tauranga	Sat, Dec 28, 2019	
Day 14: Auckland	Sun, Dec 29, 2019	

Itinerary　　　　　　　　　　　　　　✕

Day 1: Auckland	Mon, Dec 30, 2019	
Day 2: Tauranga	Tue, Dec 31, 2019	
Day 3: At Sea	Wed, Jan 1, 2020	
Day 4: Wellington	Thu, Jan 2, 2020	
Day 5: Picton	Fri, Jan 3, 2020	
Day 6: Akaroa	Sat, Jan 4, 2020	
Day 7: Dunedin (Port Chalmers)	Sun, Jan 5, 2020	
Day 8: Fiordland National Park (Scenic Cruising)	Mon, Jan 6, 2020	
Day 9: At Sea	Tue, Jan 7, 2020	
Day 10: At Sea	Wed, Jan 8, 2020	
Day 11: Hobart	Thu, Jan 9, 2020	
Day 12: At Sea	Fri, Jan 10, 2020	
Day 13: Melbourne	Sat, Jan 11, 2020	
Day 14: At Sea	Sun, Jan 12, 2020	
Day 15: Sydney	Mon. Jan 13. 2020	

↑圖片來源：cruisesalefinder官網／手機介面

New Zealand
6 Days & 3 Ports
From Auckland, New Zealand to
Sydney, New South Wales,
Australia

Sat, Oct 19, 2019
Interior Stateroom starting from:
$24,769.00* TWD *per person*
Guests 3 & 4 - same stateroom: $9,269.00*

Taxes, Fees & Port Expenses additional: **$3,255.00***

What's Included | **View Itinerary**

Ships: Golden Princess

New Zealand
13 Days & 7 Ports
Roundtrip from Auckland, New
Zealand

Tue, Dec 03, 2019
Interior Stateroom starting from:
$44,919.00* TWD *per person*
Guests 3 & 4 - same stateroom: $20,739.00*

Taxes, Fees & Port Expenses additional: **$8,370.00***

What's Included | **View Itinerary**

Ships: Golden Princess

2 available dates

Select a Date ▼

↑圖片來源：princess官網／手機介面

重點提醒：
敬請留意本書內容所提的相關網站資訊、操作介面隨時可能更新，
出國前務必確認所需資訊的正確性。

國家圖書館出版品預行編目資料

親子紐西蘭南島遊學自助行／魏美惠著. --初
版.--臺中市：白象文化，2019.8
　　　面；　公分.--（樂活誌；64）
ISBN 978-986-358-843-6（平裝）
1.自助旅行 2.留學 3.紐西蘭
772.9　　　　　　　　　　　108009444

樂活誌（64）

親子紐西蘭南島遊學自助行

作　　　者　魏美惠
校　　　對　魏美惠
攝　　　影　魏美惠、林裕衡、劉穎潔（基督城Jennifer）
專案主編　黃麗穎
出版編印　吳適意、林榮威、林孟侃、陳逸儒、黃麗穎
設計創意　張禮南、何佳諠
經銷推廣　李莉吟、莊博亞、劉育姍、李如玉
經紀企劃　張輝潭、洪怡欣、徐錦淳、黃姿虹
營運管理　林金郎、曾千熏
發 行 人　張輝潭
出版發行　白象文化事業有限公司
　　　　　412台中市大里區科技路1號8樓之2（台中軟體園區）
　　　　　出版專線：（04）2496-5995　　傳真：（04）2496-9901
　　　　　401台中市東區和平街228巷44號（經銷部）
　　　　　購書專線：（04）2220-8589　　傳真：（04）2220-8505
印　　　刷　基盛印刷工場
初版一刷　2019年8月
定　　　價　400元